두려움에 답하다

인생의 8가지
두려움에 부딪힌
청춘을 위한
창세기의 지혜

두려움에 답하다

김상권 지음

국제제자훈련원

추천의 글

두려움을 극복할 수 있는 명쾌한 해답

이 책은 청년들이 하나님의 은혜를 체험하며 굳건히 서기 위해 넘어야 할 인생의 여러 두려움을 다루었다. 김상권 목사는 오랫동안 청년들을 섬겨왔기에 다음 세대가 어디로 가야 하는지 올바른 방향을 알고 있는 사역자이다. 또한 하나님의 소망인 이들을 은혜로 어떻게 키워야 할지 깊이 고민하며 신선한 통찰력으로 말씀을 전하는 설교자이다. 이 책에서 다루는 주제는 청년들이 극복하기에 쉽지 않은 것들이다. 그래서 더욱 말씀의 지혜가 필요하다. 저자는 창세기에 담긴 하나님의 지혜로 청년들이 두려움을 극복할 수 있도록 명쾌한 해답을 제시한다. 따라서 책을 읽는 이들은 하나님의 지혜와 가슴 뜨거운 은혜를 경험하게 될 것이다. 한국 교회와 이 민족을 책임져야 할 다음 세대에게 꼭 필요한 책이다.

정필도 수영로교회 원로목사

하나님의 말씀, 그 혜안의 힘

혜안(慧眼)을 기르는 것은 삶을 더욱 기름지게 하는 길이다. 혜안을 기르면 관조(觀照)가 온다. 관조의 힘을 기르면 쫓기지 않고 인생의 박자를 제대로 맞출 수 있다. 미리 보고 먼저 선택하는 삶은 다급하거나 당황스럽지 않다. 그 선택의 기준은 하나님의 말씀이다. 이 책이 절실한 이유는, 첫째 한국 교회의 미래인 청년들에게 혜안의 힘을 주기 때문이다. 둘째, 이 책의 논리는 모두 하나님의 말씀을 따르고 있다. 저자는 깊이 있는 성경적 관조의 길을 따라 진액(津液)을 짜냈다. 그는 청년들을 향한 뜨거운 가슴과 사역적 대안을 지녔다. 이 책은 그들을 향한 고뇌와 긍휼을 값으로 지불하고 사온 것이다. 따라서 한국 교회를 걱정하는 사역자들에게, 온갖 두려움 가운데에서 답을 찾는 청년들에게 꼭 필요한 책이다. 이 책을 통해 삶의 무거운 짐을 가볍게 하는 성경의 지혜를 배우기를 소망한다.

이규현 수영로교회 담임목사

청년이 가져야 할 성경의 지혜

이 책은 청년들이 좌절하고 고민하는 문제 앞에 정확한 지혜의 말씀을 준다. '왜 그래야 하는지' '어째서 그것이 잘못인지' '그렇게 살아야 할 참된 이유가 무엇인지' 성경에서 찾아 하늘의 해답을 들려준다. 이 시대의 청년들이 겪는 신앙적 갈등과 두려움은 너무 힘겨워서 기성세대가 추측조차 할 수 없을 정도이다. 이들이 조국 교회를 책임져야 한다는 것은 너무나 무거운 짐일지도 모른다. 이 책은 성경의 지혜를 깊이 있고 명쾌하게 다루면서, 청년들의 현실적 갈등과 두려움에 대해 탁월한 식견을 제시한다. 저자는 청년들을 가슴에 담고 사는 사역자이다. 열정을 다해 본질적 사역을 추구하는 것은 물론, 성경을 깊이 있게 해석한다. 두려움에 대해 그가 전하는 성경의 지혜는 분명하다. 청년의 때에 온갖 갈등으로 혼란스럽다면, 이 책을 읽기 바란다.

송태근 삼일교회 담임목사

깊은 묵상과 기도, 통찰력으로 얻는 지혜

이 책은 청년 사역의 경험담을 담은 간증집도 아니고 청년들의 현실적 문제에 대해 피상적인 답을 제시하는 에세이도 아니다. 사역 현장의 경험에서 나온 문제의식과, 이에 대한 답을 성경에서 찾으려 한 노력에서 얻어진 결실이다. 청년들의 실제 고민을 염두에 두고 깊은 묵상과 기도, 통찰력으로 써낸 글이기에 삶의 지혜를 얻을 수 있다. 특히 '3불 시대(불안, 불만, 불신)'를 살아가는 청년들이 느낄 수밖에 없는 두려움의 문제를 다룬 점은 매우 시의적절하다. 또한 성경의 이곳저곳을 선택하여 자의적으로 해석하지 않고, 창세기 전체를 훑으면서 내용을 전개하는 방식이 눈에 띈다. 창세기를 젊은 이들에 맞게 설교하는 통찰력을 제공하고 있어서 청년은 물론, 사역자에게도 큰 도움이 될 것이다. 이 책을 강력하게 추천한다.

김지찬 총신대학교 신학대학원 구약학 교수

청년들의 현장에서 가슴으로 전하는 메시지

젊은이 사역은 현장으로 말한다. 탁상공론이나 빛깔 좋은 선언은 젊은이 사역의 핵심이 아니다. 현장의 젊은이들이 어떻게 반응하느냐, 얼마나 건강하게 세워지느냐가 사역의 건강성을 말해준다. 저자는 젊은이들을 건강하게 세우려는 열정과 현실적인 대안, 그리고 부러울 만큼의 풍성한 열매가 있는 사역자이다. 피 끓는 현장에서 가슴으로 외친 메시지의 기록이기에 모든 문장에서 청년들과 함께한 소리가 생생하게 울린다. 이 시대에 필요한 메시지는 가슴 아픈 청년들의 현장을 제대로 아는, 그리고 그 현장을 진정으로 사랑하는 사역자에게서 나오게 되어 있다. 이 책을 통해 많은 젊은이들이 다시 한 번 일어나는 역사가 있기를 기대한다.

홍민기 호산나교회 담임목사

머리말

두려움의 탈출구를 찾는 청년들에게

2010년, 많은 이들에게 충격을 준 사건이 있었다. 취업을 준비하던 청년 8명이 집단 자살을 한 것이다. 부모님께 죄송하며 더 이상 희망을 가질 수 없다는 것이 유서에 남긴 마지막 말이었다. 한동안 숨을 쉴 수 없었다. 청년들이 힘들게 고시 준비를 하는 노량진에서 사역을 한 적이 있어 말로 표현할 수 없는 감정이 밀려들었다. 청년들이 일할 곳이 없다. 피나는 노력으로 선두를 차지한 청년들조차, 사회에 진출하기도 전에 좌절부터 배운다.

청년들의 사망 원인 1위가 자살이다. 현실에 대한 절망과 앞날의 두려움이 주는 중압감을 이기지 못하고 청년들 스스로 목숨을 버리는 사회, 이것이 대한민국의 현주소다. 결국 오늘날의 청년 문화를 일컫는 '루저(loser) 문화'는 '패자(敗者)들의 문화'다. 그리고 '88만 원 세대'라는 별칭으로도 모자라 '트라우마 세대'라는 수치스러운 별명까지 안고 살아간다. 철저한 패자로 살아가는 이들에게 사회가 낙인을 찍어준 셈이다. 청년들조차 스스로를 그렇게 부르며 패자로서의 삶을 자조(自嘲)한다.

나는 청년들의 아픔과 두려움을 같이 겪어왔다. 그들은 앞으로 일어날 일을 알지 못하고, 무엇을 해야 하는지도 확신이 없다. 두려운 이유는 그 때문이다. 그래서 하나님의 말씀에 빠져 은혜를 나누는 동안 두려움이 왜곡시킨 하나님의 본마음을 알려주고 싶었다.

이 책은 그러한 여정에서 탄생했다. 그래서 장(章)마다 두려움과 막막함으로 밤을 지새우던 청년들의 눈물이 묻어 있다. 하나님의 말씀에 시선을 고정하고 한 발 한 발 내딛던 청년들의 환희가 묻어 있다. 청년들의 삶 속에서 역사하시는 하나님의 메시지가 담겨 있다.

여기서는 8가지의 두려움을 다루었다. 누구나 한 번쯤 겪어본, 앞으로 겪게 될 일들에 대한 두려움이다. 답은 창세기에서 찾아보았다. 하나님의 뜻을 알 수 없을 때, 어떻게 살아야 할지 모를 때, 상처가 깊어 죽고 싶을 때, 유혹에 속수무책인 자신을 발견할 때, 사람들과 맺는 관계가 힘들어 미칠 지경일 때, 외로워서 견딜 수 없을 때, 예배의 의미를 찾을 수 없을 때, 종말을 어떻게 받아들여야 할지 모를 때, 두려움의 어둠 속에서 탈출구를 찾도록 빛을 비추어줄 것이다.

성경 여러 곳에서 청년들은 다음 세대를 여는 상징적인 존재로 등장한다. 모세와 함께 출애굽 한 '노예 집단 이스라엘'이 가나안을 점령할 '정복 집단 이스라엘'로 변모되는 11개월간의 시내 산 여정에서도 하나님은 청년들에게 예배하도록 하셨다. 시내 산 이야기는 예수님이 새롭게 시작하실 새로운 세대의 청사진과 같다. 모세가 청년들과 함께 산을 내려오던 그림과 예수님이 팔복을 선포하신 뒤 제자들과 함께 산을 내려오시는 장면은 정확하게 일치한다.

사면초가와 같은 시대를 살아가는 루저 청년들이 두려움에서 벗어나기를 소원한다. 예수님을 바라봄으로 새로운 세대가 열린 것을 확인하기를 바란다. 새로운 세대란 젊은 세대만을 의미하는 것이 아니라 삶의 모든 숙제를 말씀에서 풀어내고, 그 말씀을 붙들고 사는 세대이다. 그래서 이 글이 청년 세대들과 성도들에게 '삶의 해답은 결국 말씀에 있음'을 알게 하는 매개체가 되기를 희망한다.

해운대에서

김상권

차례

두려움 세 번째 이야기 상처

"상처가 깊어 죽고 싶어요…"

두려움 네 번째 이야기 유혹

"유혹에 속수무책이에요…"

두려움 다섯 번째 이야기 관계

"관계가 힘들어 미칠 지경이에요…"

두려움 여섯 번째 이야기 이성교제

"외로워서 견딜 수가 없어요…"

두려움 첫 번째 이야기

하나님의 뜻

"하나님의 뜻은 무엇일까요…."

하나님의 뜻을 묻다

창세기
24장

하나님의 뜻을 어떻게 알 수 있는가? 사실 이에 답하기란 쉬운 일이 아니다. 대부분의 경우, 하나님은 'A 아니면 B'라고 명쾌하게 말씀하시지 않기 때문이다. 성경에는 없는 내용, 이를테면 두 형제와 동시에 교제 중인 한 자매의 경우, 도대체 누구와 결혼하는 것이 하나님의 뜻인지 알아야 할 때, 또는 시험에 떨어진 사람이 다시 도전하는 것이 하나님의 뜻인지, 아예 취업의 길로 나서는 것이 하나님의 뜻인지 등을 정하는 문제에 부딪혔을 때, 하나님은 "응, 그래. 너, 이것 해"라고 직접적으로 말씀을 주시지 않는다.

이 같은 신앙생활의 딜레마는 삶 속에서 잘못되는 모든 일을 놓고 내가 하나님의 뜻과는 상관없이 내 맘대로 했기 때문이라는 결론에 이르게 한다. 그래서 사안이 중요할수록 사람들은 반드시 하나님의 뜻을 알려고 몸부림친다. 하지만 이러한 신앙 패턴은 하나님의 뜻을 가늠하기 위해 우연이나 신비한 일을 추구하는 길로 빠지기 쉬운데, 이는 요즘 우리 청년들이 가진 병리적 신앙 패턴 가운데 하나이다. 하나님의 뜻은 그분이 당신의 때가 되면 자연스럽게 이루시는데도 우리는 지나치다 싶을 만큼 '내가 알고야 말리라' 하는 식으로 접근한다. 이것은 정말 생각해볼 문제이다.

어떻게 하나님의 뜻을 이루시는지 보라

하나님의 뜻은 어떻게 알 수 있는가? 우리 인생에서 하나님의 뜻을 구체적으로 아는 것은 중요하지만 쉽게 드러나지는 않는 것 같다. 마음을 다하여 간절히 기도하면 알 수도 있을까? 이 질문에 대해 성경의 첫 번째 책인 창세기는 아주 중요한 이야기를 전해준다.

창세기 24장은 이삭의 아내를 찾기 위해 아브라함의 늙은 종이 무려 800킬로미터나 떨어진 나홀 성으로 가서 리브가를 만나는 장면을 기록한다. 해가 질 무렵 종은 한 우물가에서 하나님이 정하신 여자를 어떻게 찾을 수 있는지 그분의 뜻을 묻는 기도를 드린다. 그리고 기도에 합한 리브가를 만난 후, 그 집에 찾아가 가족을 설득한다.

나는 이 본문을 읽을 때마다 "어떻게 하면 하나님의 뜻을 알 수 있습니까?"라고 집요하게 질문하는 우리를 향하여 "어떻게 나의 뜻을 이루어가는지 보라"고 간곡하게 말씀하시는 하나님을 만난다.

영문도 모르고 달리는 세 사람

"오늘 밤에 우리 밤새도록 달려볼까?"

대체 무슨 말일까? 달리다니? 이 시대의 청년들은 '밤새도록 술 마시자'라는 뜻으로 그렇게 말한다. 그런데 '달린다'는 말은 이삭의 결혼 이야기에서 여러 차례 사용되었다.

여기에는 하나님의 뜻을 찾아가는 세 사람이 등장한다. 아브라함의 종과 리브가, 그리고 리브가의 오빠 라반이다. 그런데 성경은 재미있게도 이 세 사람의 행동을 묘사하면서 모두 '달린다'는 표현을 사용한다. 리브가는 '달려가' 이 일을 어머니 집에 알리고, 라반도 마을 밖 우물로 '달려가' 아브라함의 종을 맞이한다. 아브라함의 종 역시 리브가를 처음 만났을 때 그녀에게로 '달려간다'.

그러고 보면 이 '달린다'는 표현은 하나님의 뜻을 이루어가는 과정에서 반복하여 사용한 단어이니, 매우 중요한 의미를 지닌 셈이다. 그런데 성경의 뉘앙스를 잘 살펴보면, 종이 "기도를 마치기도 전에 리브가가 물동이를 어깨에 메고 나왔다"고 증언한다.

무슨 뜻일까? 지금 성경은 우리가 하는 일이 하나님의 뜻이라면 그분이 속히 이루신다는 메시지를 전달하려 한다. 그러므로 하나님의 뜻을 아는 것은 우리에게 더 이상 중요한 문제가 아니다. 하나님의 뜻이라면 그분이 반드시 이루신다. 따라서 굳이 하나님의 뜻인지 알려고 하는 것은 자기 확신에 찬 신앙생활을 하고 싶어 하는 욕심일 뿐이다. 우리가 그분의 뜻을 아는 일 따위는 그분의 뜻을 이루시는 데 있어 필요조건이 아니다.

사실 지금 달리고 있는 세 사람도 하나님의 뜻이 무엇인지는 모른다. 즉, 영문도 모르고 달리고 있다.

아브라함의 종이 리브가를 처음 봤을 때부터 그녀가 이삭의 아내가 될 것이라고 확신했을까? 천만의 말씀이다. 그런데도 이 사람은 리브가를 향해 달려간다. 리브가 또한 종과 헤어지고 그 어미에게로 달려간다. 그녀는 무슨 말을 들었을까? 종은 그저 "잘 데가 있느냐?"라고 질문했을 뿐이다. "너를 거부의 며느리로 삼기 위해 왔다"고 말하지 않았다. 그러니 리브가도 결국 영문을 모른 채 달려간 셈이다. 오빠, 라반도 마찬가지다. 종을 영접하려고 달려왔을 뿐 그 역시 무슨 영문인지 모르고 달렸다. 이처럼 세 사람 모두 영문도 모른 채 달렸고, 하나님의 뜻은 이루어지고 있었다. 그것도 속히.

확신이 아니라 자세야!

중요한 건 하나님의 뜻을 확신하는 것이 아니라, 내가 하나님의 뜻대로 살아가는 자세이다. 우리가 하나님의 뜻이 무엇인지 몰라서 고민할 때, 하나님도 우리가 그분의 뜻을 행할 자세가 안 되어 있다는 이유로 고민하신다. 하나님의 뜻은 우리의 확신이 아니라 우리의 자세로 이루어진다. 이것이 하나님이 일하시는 스타일이다.

하나님의 뜻을 열심히 구하는데도 응답을 못 얻었는가? 그렇다면 지금 내가 하나님의 뜻대로 살고 있는지 나의 자세를 확인하면 된다. 이것이 습관처럼 되어야 한다. "하나님, 제가 내년 한 해를 선교지에서 헌신할까요, 헌신하지 말까요?"라고 기도하기 전에 지금 내가 하나님의 뜻대로 살고 있는지 먼저 확인해봐야 하는 것이다.

1994년, 북한의 한 고위 간부가 서울을 불바다로 만들겠다고 위협한 적이 있었다. 국내 언론은 당장 전쟁이 날 듯 매일같이 이 소식을 자극적으로 보도했다. 나는 당시 입영통지서를 받고 훈련소에 입대해 있었다. 당연히 훈련소 분위기도 살벌했다. 심지어 전방에서는 전쟁을 기정사실로 받아들여 병사들이 손톱을 깎고 머리카락을 잘라 유품을 준비한다는 이야기가 돌았다. 동기들 가운데에는 진지하게 탈영을 고민하는 녀석도 있었다. 물론 나도 예외는 아니었다. '아, 내 인생도 어쩌면 전쟁의 소용돌이 속에서 막을 내릴지 모르겠구나!' 하는 절망이 꿈 많은 나의 20대 청춘을 먹구름처럼 가렸다.

그 와중에도 나는 매일 아침 화장실에서 큐티 하는 일을 멈추지 않으며, 답답하고 두려운 마음에 더 간절히 기도하고 말씀에 매달렸다. 그리고 신실하신 하나님은 시편을 통해 말씀을 주셨다. 확신과 더불어 평안이 찾아왔다. 루스에서 야곱에게 임하셔서 '이곳에도 하나님이 계시구나!' 하고 고백하게 만드신 하나님이 볼품없는 재래식 화장실에 쭈그리고 앉은 나에게 찾아오신 것이다. 나는 비로소 하나님의 뜻을 알았다.

그 후로 내 태도가 달라졌다. 동료들을 다독이며 전쟁은 일어나지 않으니 걱정하지 말라고 격려했다. 힘든 훈련을 하면서도 늘 군인으로서 최선을 다하는 가운데 마음에는 기쁨이 샘솟았다. 내 모습을 보면서 동료들도 적잖이 위로를 얻는 눈치였다. 내가 하나님의 뜻을 알고 있어서가 아니라 하나님의 뜻대로 살아가려는 나의 자세를 통해 힘을 얻은 것이다.

하나님은 그분의 뜻대로 살고자 하는 우리의 자세를 통해 뜻을 이루고자 하시며, 그때 우리를 통해 영광을 받으신다.

'따바르 정신'으로 살아가기

"내 일을 진술하기 전에는 먹지 아니하겠나이다"(33절).

아브라함의 종은 음식을 대접하는 라반과 그 가족에게 이같이 말한다. 종이 사고(思考)하는 방식을 유심히 살펴보면, 주인인 아브라함의 아들 이삭의 결혼 문제를 "내 일", 곧 자기 자신의 일로 간주한다.

여기서 '일'로 번역한 '따바르'라는 단어가 참 재미있다. '따바르'는 일차적으로는 '말씀'으로 번역하지만 '행적'이라는 의미로도 번역한다. 용례를 보면, 우리가 잘 아는 십계명이 바로 열 개의 '말씀들(따바르)'이다. 역대기에서는 '왕들의 행적'으로 번역했고, 여호사밧은 엘리야를 가리켜 "여호와의 말씀[따바르]이 저에게 있도다"라고 말했다. 그러니까 '따바르'는 때에 따라 '일'이나 '하나님의 말씀'으로 번역하는 교오(交午)적 단어이다.

종이 주인 아들의 아내 찾는 일을 '나의 따바르'라고 한 까닭은 이 일이 아브라함의 명령이기 이전에 '하나님의 명령이자 하나님의 말씀'이라고 인식했기 때문이다. 바로 이것이 하나님의 뜻을 이루는 자세이다.

청년들에게는 무엇보다 '따바르 정신'이 필요하다. 하나님의 뜻을 이루어가는 청년이라면 마땅히 내게 주어진 일 하나하나에 '따바르'의 가치를 부여할 수 있어야 한다. 청년에게서 '따바르 정신'이 사라지면 더 이상 그는 청년이 아니다.

반대로 아무리 나이가 들었다 해도 그에게 여전히 '따바르 정신'이 살아 움직인다면 그는 청년으로 살고 있는 사람이다.

내가 하는 공부, 내가 다니는 직장, 수험 준비, 캠퍼스에서의 생활, 이 모든 것을 그저 나의 편안한 삶을 위한 여정으로 생각했다면 이 모든 것 속에 하나님의 말씀과 하나님의 명령을 가득 채움으로써 '따바르'의 지평에 이르도록 해야 한다. 그렇게 할 때 비로소 우리 삶 가운데 하나님의 뜻이 이루어진다.

'따바르', 그것을 '비전' '사명' '꿈', 아니면 다른 어떤 말로 불러도 좋다. 하나님은 '따바르 정신'으로 사는 사람을 통해 그분의 뜻을 이루어가신다.

오, '아름다운' 리브가!

리브가는 가족에게 이루어진 일을 통해 하나님이 자신을 이삭의 아내로 선택하셨다는 사실을 깨닫고 아브라함의 종에게 지체하지 않고 "가겠나이다"라고 말한다.

"그 소녀는 보기에 심히 아리땁고 지금까지 남자가 가까이하지 아니한 처녀더라 그가 우물로 내려가서 물을 그 물동이에 채워 가지고 올라오는지라"(16절).

성경은 그녀가 아름다웠다고 말한다. 오늘날 우리에게 아름다움의 기준은 눈의 크기, 이기적인 S 라인, 얇으면서도 가지런한 입술, V 라인 턱선 등이 된다. 그러면 성경은 아름다움의 기준을 어떻게 풀고 있는지 살펴보도록 하자.

"급히 물동이의 물을 구유에 붓고 다시 길으려고 우물로 달려가서 모든 낙타를 위하여 긷는지라"(20절).

당시의 우물은 두레박을 내려서 물을 긷는 형태가 아니라, 웅덩이 아래로 내려가서 물을 길어 올려야 하는 구조였다. 셈을 해보면, 며칠 동안 물을 먹지 못한 낙타가 먹게 될 물의 양은 보통 100리터, 약 반 드럼통 정도이다. 고고학적 발굴에 따르면, 당시 물 긷는 항아리에 약 12리터 정도를 담을 수 있었다고 한다. 종이 데리고 간 낙타의 수는 10필이다(10절). 낙타 10필에게 물을 충분히 공급하기 위해서는 몇 번을 오르내리며 길어야 할까? 1필당 9번 정도이니, 10필이면 적어도 90번을 오르락내리락하며 물을 길어 올려야 한다.

리브가는 90번을, 그것도 물이 가득 담긴 항아리를 이고 왕복달리기 하듯 오르내린 여인이다. 바로 이러한 여인을 성경은 '아름답다'고 말했다. 장사처럼 강해야 하나님의 뜻이 이루어진다는 말이 아니다. 섬기고 사랑하는 일에 땀 흘리며 수고하는 사람이 하나님의 쓰임을 받는 아름다운 사람이라는 의미이다.

'거룩'에 대한 하나님의 '조폭 어법'

리브가는 "지금까지 남자가 가까이하지 아니한 처녀"(16절)이다. 정절을 지켰다는 말이다. 성경은 왜 이같이 프라이버시에 속하는 표현을, 아름다운 리브가에게 썼을까? 단순히 리브가를 칭찬하기 위함이 아니라 하나님의 뜻을 이루는 데 쓰임받는 우리 인생의 특징을 설명하기 위해서이다.

데살로니가전서 4장 3절에서는, "하나님의 뜻은 이것이니 너희의 거룩함이라 곧 음란을 버리고"라고 말한다. 그러니까 우리를 향한 하나님의 직접적인 뜻은 우리의 거룩함에 있다. 하나님은 우리가 거룩할 때 우리를 통해 일하신다는 의미이다. 따라서 리브가에 대해 남자가 가까이 아니한 처녀라고 한 말은 바로 그녀가 하나님의 뜻대로 거룩하게 살기 위해 힘썼다는 뜻이다.

거룩하다는 말은 무슨 뜻일까? 리브가가 살던 그때는 여인이 정절을 지키는 것만으로 거룩하다고 여겼을까? 구약성경을 자세히 들여다보면, 하나님이 우리에게 거룩에 대해 가르치실 때는 마치 '조폭' 같은 느낌이다. 이상해서 다른 구절을 찾아봐도 거룩에 대해서만큼은 늘 '조폭 어법'을 사용하여 말씀하신다.

조폭의 세계에서는 소위 형님이 시키는 일이라면 죽는 시늉이라도 해야 한다. 마찬가지로 하나님도 거룩하라고 말씀하실 때면 그 어떤 이유나 토를 다는 것을 용납하시지 않는 듯하다.

"너희는 거룩하라 이는 나 여호와 너희 하나님이 거룩함이니라"(레 19:2).

거룩의 기준이 하나님이라는 말이다. 하나님처럼 거룩해야 거룩한 것이지, 그 기준에 못 미치면 거룩한 것이 아니니다. 하나님은 왜 가능하지도 않은 거룩을 우리에게 요구하실까? 하나님은 정말 조폭 '형님'이실까?

거룩이란 '너희가 노력함으로써 이루어지는 doing의 문제가 아니다. 하지만 반드시 내가 너희를 거룩하게 할 것이니 포기하지 말고 계속하여 거룩하고자 힘쓰라'라는 말씀이다. 그러므로 우리는 이 말씀을 믿고, 죄 가운데 넘어지고 거듭 실패하더라도 포기하지 말고 거룩해지기 위해 끝까지 경주해야 한다. 이것이 우리를 향하신 하나님의 뜻이다. 그리고 이처럼 거룩함을 좇는 우리 삶의 자세를 통해 하나님의 뜻이 이루어진다.

거룩하려는 선한 욕망을 가져라. 그리고 실패하더라도 결코 포기하지 마라. 반드시 거룩하게 될 것이라는 약속을 믿고 나의 죄를 고백하고 인정하라. 이러한 사람이 청년이다. 하나님의 뜻인지 아닌지를 묻는 기도에만 목매지 않고 거룩한 모습으로 살기 위해 몸부림칠 때 하나님은 나를 통해 그분의 뜻을 이루어가신다.

히브리인들의 형통과 라반의 형통

우리가 '따바르'의 정신을 가질 때, 성실하게 형제를 사랑하고 섬길 때, 거룩하게 살고자 몸부림칠 때, 우리는 자연스럽게 하나님의 뜻을 인식하고 확신할 수 있을 뿐 아니라 하나님이 주시는 형통의 복까지 누릴 수 있다.

"대박! 시험 치기 직전에 찍은 두 개가 다 나왔어." "오늘 점심은 공짜로 해결했어. 때마침 목사님을 만났거든!" "오늘 미팅에 누가 나왔는지 알아? 손담비와 싱크로율 99퍼센트의 자매가 나왔어." "미팅에서 내 짝이 된 남자, 완전 김수현이었어!"

이러한 상황을 형통이라고 할 수 있을까? 적어도 히브리인들이 생각하는 형통은 많이 달랐다.

12절에서 아브라함의 종은, "순조롭게" 만날 수 있도록 하나님이

도와주시기를 기도한다. 아브라함도 하나님이 "평탄한 길을" 주실 것이라고 종을 축복한다(40절). 여기서 "순조롭게"와 "평탄한"으로 번역한 단어가 바로 '형통'이다. 히브리인들의 형통은 이처럼 '여호와의 직접적인 개입과 인도하심'이 있는 경우만을 의미한다. 형통은 자질이나 학벌, 외모와는 아무런 상관이 없다.

우리는 왜 형통하지 못할까? 돕는 사람이 없어서? 지혜가 없어서? 가진 것이 없고, 부모를 잘못 만나서? 우리가 형통하지 못한 까닭은 하나님이 그 어떤 모양으로도 개입하시지 않기 때문이다. 하나님께서 개입하실 필요가 없이 살기 때문이다.

하나님께 내 삶의 모든 것을 맡긴 적이 없다는 사실을 인정해야 한다. 일주일 동안 나에게 벌어진 모든 일 속에서 하나님을 쏙 빼보라. 어떤 결과가 초래되었는가? 모래성처럼 허물어지기라도 했는가? 하나님이 있든 없든, 평소처럼 직장에 가고, 학교에 다니며, 밥도 잘 챙겨 먹고 있다면, 나의 삶은 히브리인들이 말하는 '형통'을 누리지 못하는 것이다. 이런 일주일을 보냈다면 아마도 하나님의 뜻이 많이 헷갈릴 것이다.

우리는 하나님이 우리 삶 가운데 직접 간섭하시기를 기도해야 한다. 하나님의 뜻은 그 가운데에서 드러나고 이루어진다. 하나님을 빼면 무너지는 삶이야말로 온전한 형통이다.

창세기 24장에는 리브가와 아브라함의 종, 이 두 사람처럼 하나님의 일을 위해 달린 한 사람이 더 등장한다. 리브가의 오빠 라반이다. 하지만 라반은 형통의 복을 받지 못했다. 다 같이 하나님의 뜻을 위해 달렸는데, 왜 라반만 형통의 복을 받지 못했을까?

형통의 기준이 잘못되었기 때문이다. 라반은 아브라함의 종에게 달려가 이같이 말했다.

"여호와께 복을 받은 자여 들어오소서 어찌 밖에 서 있나이까"(31절).

라반은 이 늙은 종을 언제 봤다고 '여호와께 복을 받은 자'라고 말하는 것일까? 라반에게 복의 기준은 돈이었다. 종이 리브가에게 준 "코걸이와 그 손의 손목고리를 보고"(30절) 대뜸 종에 대해 복을 받은 자라고 짐작한 것이다.

게다가 우리가 알고 있듯이 라반은 우상 숭배자이다. 창세기 31장을 보면, 그는 드라빔을 나의 신이라 했으며 욕심 또한 많았다(6-7, 30절). 그럼에도 "여호와께 복을 받은 자여 들어오소서"라고 하며 여호와의 이름으로 환대하는 히브리인들의 인사법을 알고 있었다.

우리는 어떠한가? 예배도 드리고, 말씀도 읽고, 구원의 원리도 알고, 기독교 문화에도 익숙하고, 찬양도 꽤 잘하지만 성경이 말하는 기준이 아니라 라반의 기준을 가지고 있지는 않은가?

제자의 정체성을 잃어버리고 스스로 괜찮은 그리스도인인 양 착각하고 있는 것은 아닐까? 제자가 아닌 사람이 그리스도인일 수는 없다.

얼핏 보면 형통을 향하여 비슷하게 달리는 것 같지만 기준이 다르면 결코 형통에 이르지 못한다. 기준이 잘못되면 하나님의 뜻을 이루는 데 쓰임받을 수 없고, 쓰임을 받는다 해도 형통의 복을 누릴 수 없다.

눈물과 하나님의 뜻

창세기 45장

하나님의 뜻이 이해되지 않을 때가 있는가? 북받치는 서러움 때문에 통곡해본 적이 있는가? 시련이 찾아올 때 우리는 이렇게 생각한다.

'하나님이 이 시련을 통해 나를 성숙시키실 거야! 이 시련이 나에게 더 큰 복이 될 거야!'

그러면서도 한편으로는 이런 생각을 한다.

'전능하신 하나님이라면 왜 이런 방식으로만 복을 주실까? 당신 자녀를 힘들게 하면서, 성숙과 복을 약속하시는 뜻은 무엇일까?'

이 땅을 살아가는 동안 우리는 여러 차례 이 같은 일을 겪으며 조금씩 성숙해진다. 그리고 하나님을 향해 내가 당하는 고통의 부당함을 호소한다.

"하나님, 나를 사랑한다고 하시면서 왜 통곡해야 할 일을 허락하시는 것입니까? 하나님이 살아 계시다면 어떻게 나에게, 내 가족에게 이런 일이 일어날 수 있습니까?"

창세기 45장은 요셉의 라이프 스토리 중 클라이맥스에 해당하는 곳이다. 늙은 유다의 얼굴을 보는 동안 애굽의 총리인 요셉은 정을 억제할 수가 없었다. 급기야 모든 사람을 물린 뒤, 형제들에게 자신이 요셉이라는 사실을 밝히고 대성통곡했다. 그리고 이 소식은 온 애굽을 떠들썩하게 만들었다. 요셉은 형들에게 "당신들이 나를 애굽에 팔았지만 그것은 하나님이 우리 가족의 생명을 구원하시려고 그렇게 하신 것"이라 말하며 그들을 위로했다. 그리고 살인적인 흉년이 5년이나 남았으니 아버지를 모시고 애굽으로 와서 고센 땅에 정착하라고도 일러주었다. 요셉은 베냐민의 목을 껴안고 울고, 형들과 입 맞추며 안고 울었다.

이 극적인 장면은 요셉의 눈물 속에 담긴 하나님의 뜻을 드러내고 있기도 하다. 하나님이 요셉에게 서럽고, 외롭고, 힘든 고난을 허락하신 까닭은 무엇일까? 그렇게 하지 않으면 하나님의 뜻을 이루실 수 없었을까?

요셉의 눈물을 따라가다 보면 그 답을 찾을 수 있다.

깨어짐의 과정에서 눈물이 나고 비로소 자신을 보게 된다

하나님이 민족을 살리는 종으로 요셉을 세우기 위해 가장 먼저

하신 일이 무엇일까? 하나님은 요셉 스스로 자신을 직시하게 만드셨다. 고난을 통해 요셉이 자신의 모습을 바로 보고, 겸손하면서도 성실한 하나님의 종 된 모습을 견지(堅持)하게 하신다. 하나님은 요셉뿐 아니라 그의 형들도 위대한 이스라엘로 세우고자 일하신다. 그들도 고난의 세월을 겪으면서 스스로의 죄를 반성하고 요셉처럼 자신을 직시하도록 이끄신다.

우리에게는 어떤 어려움이 있는가? 그 짐이 너무 무거워서 인생이 고달픈가? 언제쯤이면 춥고 배고픈 시련이 끝날까? 청춘의 시간을 살아가는 우리에게도 질문은 끊이지 않는다. 그러나 하나님은 이 암울한 시간을 통해 우리 자신을 직시하기를 바라신다. 애석하게도 우리는 고난을 통해서만 자신을 바로 볼 수 있다.

기독 청년들은 두 개의 딜레마를 안고 산다. 첫째, 우리는 마땅히 빌 바를 알지 못한다. 그래서 우리에게는 말할 수 없는 탄식으로 우리를 중보 하시는 분이 필요하다. 둘째, 우리는 마땅히 자신의 진면목을 보지 못한다. 이것은 우리가 부족해서가 아니라 우리의 넘침으로 생긴 딜레마이다. '넘쳐남'이란 자기 안의 들보를 보지 못하는 죄성, 그러니까 죄의 본성을 말한다. 내 눈에 들보가 있으면 형제 눈 속의 티를 볼 수도 없고, 빼줄 수도 없다. 들보와 티의 비유는 남을 탓하지 말라는 교훈이 아니라 형제의 눈 속에 든 티를 빼주라는 교훈을 담고 있다.

들보란 말하자면 약점이다. 가장 치명적인 약점, 곧 하나님의 사랑을 깨닫지 못하는 것이다. 하나님이 어떤 대가를 지불해서 나를 사랑하셨는지 기억하지 못한다는 말이다. 하나님의 사랑으로 형제를 보지 못하는 눈을 가지고 있는 한, 우리는 결코 형제의 눈 속에 든 티를 빼줄 수 없다. 들보를 빼기 위해서는 어쩔 수 없이 깨어져야 하는데, 그 깨어진 자리에서 비로소 하나님의 사랑이 회복된다. 이렇게 깨어지는 과정에서 눈물은 필연적으로 나타나는 현상이며, 이를 '고난' 또는 '시련'이라 부른다. 그러므로 나를 직시하기 위하여 눈물의 시간, 곧 고난의 과정이 필요하다.

들보에 가림을 당하면 자신을 알지 못하기 때문에 스스로 대단하다고 착각한다. 고집에 사로잡혀 남의 말에 귀 기울이지 못하고, 다른 사람과 하나 되거나 어울리지 못한다. 그는 통곡하며 눈물을 쏟아낸 적이 없다. 자신이 흘리는 눈물의 근원을 보지 못한 사람은 그 눈물에 담긴 하나님의 마음도 알지 못한다.

눈물 나는 모든 일의 배후에 하나님이 계신다

하나님은 요셉의 고백을 통해 그에게 하신 일을 드러내신다.

"당신들이 나를 이곳에 팔았다고 해서 근심하지 마소서 한탄하지 마소서 하나님이 생명을 구원하시려고 나를 당신들보다 먼저 보내셨나이다 이 땅에 이 년 동안 흉년이 들었으나 아직 오 년은 밭갈이도 못하고 추수도 못할지라 하나님이 큰 구원으로 당신들의 생명을 보존하고 당신들의 후손을 세상에 두시려고 나를 당신들보다 먼저 보내셨나니"(5-7절).

이 고백 속에서 '하나님이 하셨다'는 표현이 세 차례나 반복되고 있다. 요셉은 고난과 시련을 통해 자신을 직시하게 되었고, 하나님이 일하신다는 사실을 확인했다. 하나님은 흉년의 굶주림에서 그들의 생명을 건지고자 하셨다.

하나님은 야곱의 아들들이 진정으로 하나 되기를 바라셨다. 그런 의미에서 본문은 그 같은 하나 됨을 이루는 장면이다. 형제들이 하나 되는 자리에서 요셉이 눈물을 흘리자, 형들의 입이 열렸다. 요셉의 눈물은 하나님의 뜻을 이루는 도구였다.

요셉은 왜 울었을까? 이 모든 일을 하신 하나님을 가슴으로 느꼈기 때문이다. 형들이 변화된 것도 하나님이 하신 일이었다. 요셉 자신이 힘들고 외로운 시간을 보내며 하나님의 사람으로 빚어지는 순간에 하나님은 형들을 바꾸고 계셨다. 이스라엘 백성을 향한 하나님의 위대하신 뜻이 드러나는 순간 요셉은 울지 않을 수 없었다.

인생의 문제는 대개 마음에서 비롯된다. 마음이 상한 것이 문제이고, 마음이 가지 않는 것이 문제이며, 마음이 하나 되지 않는 것이 문제이다. 마음의 문제는 그 마음이 어디에 있는지를 우선 알아야 한다. 켄 가이어는 "눈물을 따라가면 거기 내 마음이 있다는 사실을, 눈물을 통해 배웠다"고 말했다. 눈물을 '슬픔의 표현'이라고만 하기에는 그 샘이 너무 깊다. 내가 어떤 사람인지, 내 문제가 진정 무엇인지 확인하려면 눈물을 따라 거슬러 올라가야 한다. 눈물에는 슬픔과 외로움, 실패와 거절감이 배어 있지만, 그 눈물의 가장 밑바닥에는 용서와 사랑이 자리한다. 그래서 눈물을 따라 거슬러 오르면 다시 한 번 용기와 새 힘을 얻는다.

세상에서 마주하는 모든 엉킨 문제는 내 마음의 실체를 봄으로써 풀리고, 눈물을 통해 내면의 실체와 직면함으로써 자신을 알게 된다. 눈물은 내 마음의 좌표를 알려주는 동시에 인생의 모든 문제를 풀어주는 열쇠와도 같다. 그래서 눈물 한번 흘려보지 못하고, 눈물의 의미가 무엇인지 생각해보지 못한 사람은 자신의 내면에 존재하는 영혼과 진정으로 직면하지 못한, 미성숙한 사람이라 할 수 있다.

눈물은 하나님이 일하신다는 증거이다

사람은 흐르는 물처럼 살아야 한다. 물은 낮은 곳으로 흐른다. 땅속 낮고 어두운 곳을 향해 흘러 생명이 움트게 한다. 막히면 찰 때까지 기다리고, 때로는 돌아간다. 흘러가버린 물은 시간의 소중함을 가르쳐준다. 작은 시냇물은 흘러서 바다로 향하는데, 냇물은 흐르는 동안 자신을 모두 내어주고, 바다에 이르러서는 하나가 된다. 인생도 이러해야 한다.

청년 시절에는 절망감도 어느 때보다 깊게 느끼는 법이어서 눈물의 나날을 보내기도 한다. 그때 우리는 눈물을 통해 뜻을 이루고자 하시는 하나님을 떠올려야 한다. 하나님의 뜻은 거대한 구원의 역사이다. 그 과정에는 청년들을 다음 세대의 일꾼으로 세우시려는 뜻이 포함되어 있다. 그러므로 내 삶에 눈물의 시간이 찾아온다면 하나님이 일하신다는 증거이며, 좌절과 난관 속에서도 하나님의 역사를 보는 영적 통찰력을 갖추는 태도가 필요하다.

요셉을 통해 위대한 일을 이루고자 하신 하나님은, 요셉의 20년 세월 속에서 뼛속까지 깊어진 미움과 상처의 골을 메우는 일을 행하셨다. 요셉의 형제들 사이에서 이루어진 온전한 화해가 그것인데,

하나님은 이를 위해 그들의 인생 가운데 나름의 고난을 허락하셨다. 그들은 눈물을 흘려야 하는 일이 많았으며, 그러한 과정 속에서 하나님은 위대한 뜻을 성취해나가셨다.

눈물의 골짜기를 지나온 청춘은 형제를 사랑하고 가슴으로 아낄 줄 안다. 서로 사랑하지 않는 한 하나님의 뜻이 이루어지지 않기 때문이다. 눈물은 없어서는 안 되는 것인데도, 우리는 눈물의 가치를 잊어버리거나 외면한다.

'하나님이 내 인생에서 일하고 계시구나!' 하는 감격으로 눈물 흘리는 청년이 있으면 좋겠다. 하나님께 더 가까이 나아가 상처와 아픔은 물론 진로에 대한 두려움도 내려놓으며, 하나님이 자신의 인생에 개입해서 일하신다는 사실 때문에 눈물 흘리는 청년들이 많아지기를 바란다.

하나님의 뜻을 보는 눈

창세기 48장

'X'라는 글자에서 무엇을 떠올리는가? 'X'는 1991년 뉴욕에서 출간한, 캐나다 작가 더글러스 코플런드의 장편소설 《X세대》(Generation X)가 나온 이후 자연스럽게 'X세대'를 의미하는 글자로 인식되었다. X세대란, 우리가 잘 아는 대로 규명할 수 없는 세대를 가리킨다. 트리플 X, X 맨, 마린 X 등 영화에서도 X는 뭔가 규명하기 어려운 존재를 설명할 때 쓰인다.

우리는 창세기 48장에서 규명할 수 없는 이 X의 원조를 만난다. 다름 아닌 'X 맨' 야곱이다. 야곱이 임종을 앞둔 어느 날, 요셉이 두 아들 므낫세와 에브라임을 데려온다. 야곱은 그들을 자신의 아들로

입양하여 축복한다. 야곱이 나이가 들어 눈이 침침해서인지 팔을 X자로 뻗어 차자(次子) 에브라임은 오른손으로, 장자(長子) 므낫세는 왼손으로 축복한다. 이스라엘 사람들에게 오른손과 왼손은 중요한 의미를 지니는데, 오른손은 우월하며 왼손은 열등하다. 그러한 까닭으로 요셉은 이를 싫어하여 아버지 야곱에게 "이러시면 안 된다"고 말한다. 그러나 야곱은 "나도 안다"(19절)라고 요셉의 말을 일축하며 자신의 뜻대로 축복한다.

창세기 48장은 하나님의 뜻을 보기 위해 우리가 먼저 무엇을 찾아야 하는지 교훈을 제시해준다.

요셉, 이성의 눈으로 하나님을 보다

에브라임과 므낫세를 축복하는 장면을 살펴보면, 성경 기자는 요셉과 야곱의 눈으로 그것을 조명하는 듯하다. 야곱의 육체적인 눈은 늙고 약해져서 앞을 잘 분별하지 못한다. 반면 요셉은 아직 젊고 건강한 눈을 가진 사람이다. 하지만 늙고 약한 눈을 가진 야곱이 하나님의 뜻을 더 정확히 보고 있다.

"요셉이 그 아버지가 오른손을 에브라임의 머리에 얹은 것을 보고 기뻐하지 아니하여 아버지의 손을 들어 에브라임의 머리에서 므낫세의 머리로 옮기고자 하여"(17절).

우리는 요셉의 행동에서 훌륭한 안목을 가진 대제국의 총리라 해도 하나님의 뜻을 아는 데는 어두울 수 있음을 보게 된다.

우리의 이성이나 경험만으로는 하나님의 뜻, 하나님의 섭리를 읽지 못한다. 왜 이 일이 지금 내게 닥쳤는지, 내게 주어진 이 역할이 얼마나 중요한지, 이성의 눈으로는 볼 수 없다. 그런데도 우리는 이성의 눈으로 하나님의 뜻과 섭리를 볼 수 있다고 착각한다. 돌아오는 것은 하나님의 뜻을 찾지 못해 오리무중에 빠지는 인생뿐인데도 말이다. 우리의 지혜를 내려놓고 겸손해져야 한다. 적어도 우리는 하나님의 뜻을 묻는 자리에 있어야 한다.

야곱, 영의 눈으로 하나님을 보다

반면에 야곱은 영적인 눈을 가졌다. 육체적인 눈으로는 손자도 알아보지 못하지만, 나이가 들수록 맑고 총명해진 영안(靈眼)은 하나님의 뜻, 하나님의 섭리를 정확하게 꿰뚫어본다.

야곱의 고백을 살펴보자. 야곱은 "나의 출생으로부터 지금까지 나를 기르신 하나님"(15절)이라고 말한다. 지금까지 자신을 길러주신 분이 하나님이라는 고백은, 나의 목자가 하나님이시라는 뜻이다. 내 삶의 주인이 '나'라고 말하는 사람은 하나님의 뜻을 발견하기 힘들다. 그래서 야곱의 신앙고백은 하나님의 뜻을 보는 영안을 갖기 위한 첫걸음이다.

야곱은 특별한 하나님에 대한 인식을 가진 사람이었다. "나를 모든 환난에서 건지신 여호와의 사자께서"(16절)라고 말하는데, 여기서 '사자(使者)'는 야곱이 형 에서를 만나기에 앞서 두려움으로 맞은, 얍복 나루로 찾아오신 바로 그분이다. 하지만 오랜 여정을 돌아보니 벧엘에서 나올 때도 뵈었고, 라반에게서 건져주신 분이며, 얍복 나루에서 자신과 밤새도록 씨름하신 분이었다.

야곱은 그분을 바로 알고 인격적으로 만났다. 그분에 대한 지식으로 말미암아 우리를 향하신 하나님의 뜻과 섭리를 깨달았다.

모든 환난에서 우리를 건져주신 이 사자를 알고 있는가? 아니면 그저 성경에만 등장하는 사자로 알고 있는가? 그 사자가 우리 인생의 고비마다 함께하신 사실을 인정하는가? 야곱처럼 우리가 옳다고 여기는 길에서 그분과 밤새도록 씨름해보았는가? 부르짖어보았는가? 그 음성을 들어보았는가?

그분은 야곱의 고백처럼 우리의 동의와 상관없이 인생의 고비마다 나타나셔서 모든 환난에서 우리를 건지셨다. 그럼에도 그분의 음성을 듣지 못한다면, 우리를 건지시는 하나님의 사자를 알지 못한다면, 이는 우리가 하나님의 뜻을 알지 못하는 결정적인 이유가 된다.

우리는 예수 그리스도, 언제나 우리와 함께하시고 모든 환난에서 우리를 건지시는 그분을 알고 체험해야 한다. 느끼고 부르짖으며 대화하고 절규해야 한다. 밤을 새우며 깊은 사귐에 빠져야 한다. 하나님의 뜻을 깨닫는 영안은 그때 비로소 열리기 때문이다.

야곱이 거부하지 못한 하나님의 섭리

야곱이 본 하나님의 뜻, 장남이 아닌 차남을 축복하게 하신 하나님의 뜻은 무엇일까? 학자들은 그 이유를 잘 설명하지 않는다. 다만 하나님의 섭리는 인간의 지혜를 초월하는 사건이라고 기록한다.

야곱은 하나님의 섭리에 의해 작은 자를 큰 자보다 앞세웠다. 창세기에서 작은 자를 큰 자보다 앞세우는 경우가 있는데, 이는 일종의 상징이다. 가인보다 아벨을, 에서보다 야곱을, 므낫세보다 에브라임을 앞세우는데, 이때마다 하나님의 구원 계획과 연결되어 있다. 먼저 된 자보다 나중 된 자가 먼저 되는 구원의 원리인 것이다.

로마서 11장은 '이스라엘 사람들의 실족으로 인한 이방인의 구원'에 대해 말한다. 먼저 된 이스라엘보다 나중 된 이방인 중에서 더 많은 사람이 구원을 얻을 것이라 기록한다. 흔히 사도 바울을 통해 이방인 선교가 열렸다고 알고 있지만, 성경의 첫 책 창세기에서부터 이방인의 구원에 대한 수많은 메시지가 나타난다.

야곱은, 차자를 축복한다고 요셉이 불쾌해하자 "나도 안다, 내 아들아, 나도 안다"라고 말한다. 다시 말해 야곱은, "하나님의 역사를 가만히 보니, 너의 두 아들을 축복하는 일을 통해 하나님이 중요한 말씀을 주려 하시는구나. 나 역시 과거에 축복을 원한 차자였거니와, 네 마음을 잘 안다. 하지만 이 일을 통해 하나님의 위대한 뜻이 드러나야 한단다"라고 말하고 있다.

나를 향하신 하나님의 뜻

우리도 야곱이 가진 눈, 하나님의 뜻을 보는 눈을 가져야 한다. 우리 이성과 합리성에 근거하지 않는 이 영적인 눈은, 야곱이 그러했듯이 모든 환난에서 나를 건지시는 사자로서의 하나님을 아는 지식에서 비롯된다.

하나님의 은혜 안에 거하면 존귀해진다는 것이 우리를 향하신 하나님의 뜻 아닌가. 경쟁사회에서 다른 사람에 비해 부족한 점이 한두 가지가 아니지만, 야곱이 축복하여 전수하는 그 하나님을 나의 하나님으로 믿는 이상, 하나님과 사람 앞에서 귀히 쓰임받게 될 것이다. 이 믿음이 바로 나를 향하신 하나님의 뜻이다.

모든 환난에서 나를 건지시는 하나님을 간절히 사모하자. 이같이 행할 때 나를 향하신 하나님의 뜻을 가늠하는 출발선에 서게 될 것이다.

두려움 두 번째 이야기

삶의 방정식

"어떻게 살아야 할지
모르겠어요…"

하나님의 이름으로 사는 것

창세기
47장

인생의 실패는 어디에서 비롯되는 것일까? 동기부여 전문가 커미트 루엑은 인생의 실패자가 되는 가장 확실한 방법 10가지를 소개했는데, 이들의 공통되는 결론은 대충대충 하고 미루는 습관이다. 그러고 보면 인생의 실패는 습관의 문제이다. 한 번의 선택이나 잘못된 만남이 우리 인생을 좌우하지는 않는다. 그러나 잘못된 습관은 인생의 실패를 가져온다.

습관은 내가 즐기는 것에서 시작된다. 즐거움은 말로 드러나고, 행동으로 이어지며, 행동은 생활이 되고, 생활은 결국 습관으로 고착된다. 습관은 형성되기는 쉬워도 고착되면 쉽게 바뀌지 않는다.

인생은 정해진 습관대로 가게 마련이어서 '습관의 경향성'이라는 말로도 풀 수 있다.

주님은 그분의 즐거움에 참여하라는 말씀을 주셨다. 인생의 성패를 좌우하는 습관이 즐거움에서 시작된다는 사실을 아셨기 때문은 아닐까. 그렇다면 우리는 어떻게 즐거움을 찾아야 할까? 그리스도인으로서 이 땅에서 즐거움을 누리는 방법을 알아보자.

요셉의 경제정책

이 같은 맥락에서 읽는 창세기 47장은 요셉이 어떠한 인생을 살았는지를 우리에게 알려준다. 본문은 기근이 심해지는 상황에서 요셉이 행한 경제정책과 탁월한 리더십을 소개한다. 기근으로 인해 백성들은 돈으로 곡식을 샀고, 6년째에 접어들자 짐승과 곡식을 바꾸었다. 마지막 7년째에는 토지를 팔면서 바로의 소작농이 되었다.

요셉은 곡식이 저장된 각 성읍으로 그들을 이주시키는 한편 수확량 가운데 5분의 1을 바로에게 납부하도록 규정했다. 이러한 요셉의 경제정책은 애굽이라는 대제국 운영의 근간을 이루었다. 하지만 제사장들의 토지는 매입하지 않았다고 성경은 전한다. 언뜻 보면 본문은 리더십의 중요성을 설명하는 것 같은데, 이면에는 훨씬 더 중요한 메시지를 담고 있다. 삶의 방식에 대해 말하고 있는 것이다.

요셉의 '총리 스토리'는 야곱이 바로를 축복하고 요셉의 형제들을 축복하는 장면의 중간에 끼여 있다. 문맥이 맞지 않기 때문에 이를 두고 비평학자들은 짜깁기를 한 명백한 증거라 말하지만 본문을 묵상해보면 그렇지 않다. 성경은 왜 요셉의 경제정책을 강조하는 것일까?

요셉은 총리로서 2가지 경제정책을 폈다. 하나는, 토지를 국유화하는 정책이다. 백성들은 처음에 돈을 가지고 곡식으로 바꾸어가더니 기근이 더해지자 짐승을 끌고 와서 곡식으로 바꾸어갔다. 이로 인해 바로의 짐승을 주관하는 요셉의 형제들 역할이 막중해졌다. 마지막 해에는 토지와 곡식을 교환한다.

"그러므로 요셉이 애굽의 모든 토지를 다 사서 바로에게 바치니 애굽의 모든 사람들이 기근에 시달려 각기 토지를 팔았음이라 땅이 바로의 소유가 되니라"(20절).

애굽의 토지가 바로의 것이 되었다는 뜻인데, 성경은 그 모든 일을 요셉이 했다고 말한다.

또 하나는, 5분의 1을 납세하는 조세정책이다. 본문은 요셉이 아주 혹독하게 백성들의 소유를 빼앗은 것처럼 묘사하지만, 사실은 백성들의 자발성을 강조했다.

바로의 소작농으로 전락한 백성들은 5분의 1을 바로에게 납세해야 했다. 나머지는 그들의 몫인데, 애굽이 강력한 중앙집권적 군주정치 체제인 것을 감안하면 이는 백성을 위한 획기적인 정책이다. 당시의 정치 상황으로 볼 때, 매우 너그러운 납세정책인 것이다. 이는 요셉이 80년간 정계에 있는 가운데 애굽 백성들의 사랑을 받은 사실에서 알 수 있다.

그런데 이 내용이 왜 이 부분에 기록되어야 할까? 우리는 바로가 이스라엘 백성에게 '고센'이라는 좋은 땅을 하사한 것으로 알고 있다. 여기서 성경은, 바로가 하사한 땅 역시 요셉을 통해 얻은 것임을 정확히 짚어준다. 요셉의 형들은 애굽 사람들이 싫어하는 '3D' 업종인 목축업을 했는데, 기근으로 인해 짐승의 수가 많아지면서 그들이 애굽에서 없어서는 안 될 중요한 영역을 차지하게 된다.

성경은 이 모든 일을 요셉과 함께한 여호와 하나님이 하셨다고 기록한다. 땅을 하사한 분도 하나님이셨고, 애굽에서 없어서는 안 될 존재가 되게 한 분도 하나님이셨다. 이 이야기가 야곱의 축복 스토리 사이에 들어 있는 것은, 고센 땅을 얻고 애굽의 중요한 인물이 되어가는 과정이 바로가 아닌 하나님의 은혜라는 사실을 알려주기 위해서이다.

하나님은 우리를 성공의 자리로 이끄실 뿐 아니라 보호하시는 분이다. 바라던 무엇이 해결되면 나의 앞길이 열리면서 행복으로 이어질 것 같지만, 모든 것을 주관하시는 분은 하나님임을 믿어야 한다. 기독 청년들에게 인생이 하나님 손에 있다는 가르침은 영성이 아니라 상식이다. 어떻게 살아야 할지 모를 때, 하는 일마다 실패하고 아무리 봐도 인생에 소망이 없을 때, 우리를 책임지시는 분, 우리를 보호하시는 분은 하나님임을 기억해야 한다.

섭리인가, 타협인가?

한 가지 의아한 사실은, 제사장의 토지만큼은 바로의 소유가 되지 않았다는 것이다. 이는 22절과 26절에서 "제사장의 토지는 바로의 소유가 되지 아니했다"고 반복하여 강조된다. 당시 애굽의 제사장들은 여호와가 아닌 이방신을 섬겼다. 정교분리(政敎分離)가 안 된 신정군주제 사회에서 제사장은 기득권층이자 귀족에 해당하는데, 요셉이 그들에게 잘 보이려 행동한 듯한 느낌마저 준다.

요셉은 왜 그들의 토지에 예외 규정을 두었을까? 당시 애굽에서는 제사장들과 요셉의 형들에게만 무상으로 곡식을 지급했다. 이때 제사장의 토지에 세금을 물렸다면, 당시의 기득권층인 제사장들이 요셉의 가족을 내버려두지 않았을 것이다. 그러면 이스라엘 백성을 애굽 땅에서 흥왕케 하시려는 하나님의 계획에 차질이 생겼을 것이다. 따라서 요셉은 하나님의 뜻이 방해받지 않도록 지혜롭게 일한 것이다. 제사장에 대한 예외 규정은 타협이 아닌 섭리였다.

타협은 여호와의 이름으로 성공하는 데 가장 큰 걸림돌이 된다. 자기 이름으로 사는 이들이 나타내는 특징이 타협이다. 그리스도인의 성공은 부의 축적이나 명예를 높이는 것이 아닌 하나님의 이름으로 사는 것이다. 요셉은 자신의 이름으로 성공의 탑을 쌓기보다 하나님의 이름으로 그분의 뜻을 이루는 것에 주목했다. 애굽의 총리가 된 것으로 그를 성공한 인생이라 하지 않음을 분명히 알아야 한다.

나의 목표와 야망을 내려놓고 나를 향하신 하나님의 목표를 받아들여라. 예배드리는 일을 타협하여 우선순위에서 밀어낸다면, 나의 이름으로 성공하고자 하는 것이다. 그리고 그 결과는 언제나 비극이다. 우리는 예배를 통해 내 이름이 아닌 하나님의 이름으로 사는 연습을 한다. 그러면 장차 하나님의 나라에서 하나님의 사람으로 하나님의 이름을 높이며 영원히 살게 될 것이다.

기독 청년이 가져야 할 비전은 특정 직종에 있지 않다. 하나님의 이름으로 살려 하는 믿음의 결단이야말로 기독 청년이 품어야 할 비전이며, 평생 이것만 하다 죽어도 좋다는 그것이 바로 비전이다. 없으면 달라고 기도하자. 그 시작은 하나님을 사랑하고, 교회를 사랑하고, 형제를 사랑하는 것이다. 하나님이 이 시대의 청년에게 품으신 소원은 우리가 상상하는 그 이상임을 반드시 기억하자.

파카드의 하나님

창세기
50장

"오랫동안 죽기 살기로 준비해온 시험에 떨어졌어요." "평생을 함께 하자고 약속한 사람과 헤어졌어요." "살려달라고 주님께 매달렸는데, 사랑하는 가족이 불치병으로 떠나고 말았어요."

이같이 삶의 방향을 잃을 수밖에 없는 상황에 처하면 인간은 누구나 혼란에 빠진다. 어떻게 살아야 할지, 무엇을 의지해야 할지 막막해진다. 그리고 자신의 감정에 빠져 허우적대다 보면 하나님의 뜻을 찾을 여력도 없을뿐더러 그에 개의치도 않게 된다.

그리스도인들이 풀어야 할 딜레마는, 마땅히 빌 바를 알지 못한다는 것이다. 하나님의 뜻을 함부로 단정하면 안 되는 까닭은 바로

이 때문이다.

우리가 잘 아는 베드로 또한 자신의 감정에 사로잡혀 "그리 마옵소서"라고 했다가 예수님으로부터 '사탄'이라는 소리를 들었다. 그러므로 주님의 뜻을 분별하는 훈련을 게을리 하지 말아야 한다.

경쾌한 죽음

창세기 50장은 창세기의 마지막 장면이자 창세기 결론에 해당하는 부분이다. '생명의 탄생'으로 시작한 창세기는 '요셉의 죽음'으로 끝을 맺는다. 여기서 우리는 성경이 요셉의 죽음을 어떤 뉘앙스로 전달하려고 하는지 살펴야 한다.

22절부터 26절까지 요셉의 죽음을 묘사하는 대목은, 우리말 성경에는 잘 나타나지 않는, 매우 규칙적이고도 경쾌한 리듬을 담고 있다. 다섯 절의 주어는 모두 요셉이다.

22절 "요셉이 … 거주하여"(요셉의 향년)

23절 "[요셉이] … 보았으며"(요셉의 여생)

24절 "요셉이 … 이르되"(요셉의 예언)

25절 "요셉이 … 맹세시켜"(요셉의 유언)

26절 "요셉이 … 죽으매"(요셉의 죽음)

성경 기자인 모세는 리듬감을 살려 요셉의 죽음을 묘사한다. 모세는 요셉의 죽음 이후, 이스라엘 백성들이 처한 암울한 상황을 알고 있었다. 그런데 왜 요셉의 죽음을 이처럼 경쾌하게 다룬 것일까?

바로 그 요셉

요셉의 인생은 창세기의 상당 부분에 걸쳐 기록되어 있다. 대제국의 총리 자리에까지 오른 불세출의 인물 요셉은 티 하나 없는 사람처럼 보인다. 어쩌면 창세기를 기록한 모세는 큰 성공을 거둔 요셉 역시 세상에 대한 미련을 갖지 않고 영적인 복을 확신하며 죽은 것을 보여주고 싶었는지 모른다. 그리고 애굽을 떠나 가나안으로 가는 이스라엘 백성에게 세상의 복보다 영적인 복이 더 값지다는 사실을 가르치고 싶었을 것이다.

"요셉이 그의 아버지의 가족과 함께 애굽에 거주하여 백십 세를 살며"(22절).

이는 요셉이 아버지 야곱의 죽음 이후에도 56년을 더 살며 가족을 돌봤다는 뜻이다. 요셉은 총리로서 국정을 성실히 수행했을 뿐 아니라 하나님께 택함을 받아 구속사(救贖史)의 주역이 될 언약의 가문을 돌보는 일에도 소홀하지 않았다.

"에브라임의 자손 삼 대를 보았으며 므낫세의 아들 마길의 아들들도 요셉의 슬하에서 양육되었더라"(23절).

역대상 7장을 보면, "마길"은 므낫세가 첩으로 들인 이방인 아람 여인에게서 얻은 아들임을 알 수 있다. 본처의 아들 '아스리엘'에 대한 설명은 없는 것을 볼 때, 요셉은 아버지 야곱과 달리 첩을 통해 얻은 자식도 살뜰하게 보살핀 듯하다. 요셉을 소개하는 창세기 50

장 22절에서는, 우리말 성경에서는 보이지 않는 인칭대명사 '그'를 사용하여 표현하고 있는데, '바로 그 요셉'이라는 뜻이다. 그렇다면 '바로 그 요셉'이란 어떤 뜻일까? 출세한 요셉? 잘나가는 요셉?

앞서 기술된 내용에 의하면 '바로 그 요셉'이란 형들이 노예로 팔아버린 요셉이다. 한 번만 용서해주면 다시는 건방지게 굴지 않겠다고 형들에게 눈물로 애원했건만 매정하게 은 삼십에 노예로 팔린 그 요셉이다. 젊은 날의 수많은 시간을 외로움과 좌절, 아버지에 대한 연민과 형들에 대한 증오로 보낸, 바로 그 요셉이다. 장성한 뒤 형들과 재회하여 그들을 용서한 후 그 자녀들까지 돌본, 바로 그 요셉이다. 아버지 야곱의 죽음 이후 요셉에게 복수를 당할 것을 두려워한 형들이 "당신의 아버지가 돌아가시기 전에 명령하여 이르시기를 … 네 형들이 네게 악을 행하였을지라도 이제 바라건대 그들의 허물과 죄를 용서하라 하셨나니"(16-17절)라고 거짓말하자, 그들을 향해 하염없이 울면서 "두려워하지 마소서 내가 하나님을 대신하리이까"라고 말하는 바로 그 요셉이다.

'바로 그 요셉'은 우리를 향해 하나님이 우리에게 맡기신 세상의 일에도 최선을 다해야 하지만, 하나님이 택하신 백성들의 모임인 교회 공동체를 돌보고 사랑하는 일에도 최선을 다해야 한다는 교훈을 준다.

우리는 '바로 그 요셉'이 경험한 것처럼 하나님의 백성들로부터 상처를 받아 잠을 이룰 수 없을 만큼 아플 때가 있다. 그리고 아무리 돌아봐도 용서가 안 될 때가 있다. 그럼에도 우리는 '바로 그 요셉'이 되어야 한다.

우리는 '바로 그 요셉'의 자세로 하나님의 교회에 나오는가? 아니면 앙갚음을 두려워하여 죽은 아버지의 이름으로 자기방어를 하는 '요셉의 형들'과 같은 모습으로 교회에 나오는가? 성경은 '바로 그 요셉'과 같이 교회를 사랑하는 모습이 우리에게 있는지 점검할 것을 말하고 있다.

가장 위대한 유언

"나는 죽을 것이나 하나님이 당신들을 돌보시고 당신들을 이 땅에서 인도하여 내사 아브라함과 이삭과 야곱에게 맹세하신 땅에 이르게 하시리라"(24절).

요셉의 유언이 시작되는 "나는 죽을 것이나"라는 말은, '나는 이곳 애굽에서 가나안 땅을 보지 못하고 죽지만 너희는 그렇지 않을 것'이라는 뜻으로, 요셉의 비통함이 담겨 있다. 이어 요셉은 "하나님이 반드시 당신들을 돌보시리니 당신들은 여기서 내 해골을 메고 올라가겠다 하라"(25절)고 유언한다. 아마도 모세의 설교를 듣는 일차 청중, 곧 애굽에서 나온 이스라엘 백성은 자신들이 가야 할 곳이 가나안 땅임을 확신했을 것이다.

우리는 요셉의 유언에 담긴 핵심을 읽을 줄 알아야 한다. 여기에는 하나님 앞에서 충직하게 살다 간 비결이 숨어 있다.

24, 25절에서 표현되는 '돌보심'은, 개역한글 성경에서는 '권고(眷顧)', 히브리어로는 '파카드'라 쓰였다. 어떻게 살아야 하는가와 관련하여 가장 중요한 개념이 바로 '파카드'이다. 요셉은 '파카드의 하

나님(돌보시는 하나님)'이라는 말을 유언이자 유산으로 남긴다. 그리고 이 말은 요셉의 파란만장한 삶을 지탱해준 원동력이었다.

죽음을 앞에 둔 사람은 자신의 인생에서 가장 중요한 것을 유언으로 남기기 마련이므로 요셉 또한 그러했을 것이다. 다시 말해 요셉은 자신의 삶을 '파카드의 하나님'과 함께했다.

파카드의 하나님

민족의 지도자 요셉이 떠났다. 이 땅에 남은 이스라엘이 어떻게 살아야 하는지에 대한 열쇠는 바로 '파카드의 하나님'이다. 이는 가나안으로 향하는 이스라엘 공동체에게 나침반과도 같은 것이다.

육신으로 온 예수님은 떠나셨고, 이 땅에는 하나님의 공동체인 교회가 남았다. 그리고 교회 역시 '파카드의 하나님'을 키로 삼아 나아간다. 우리에게 오신 보혜사 성령 하나님은 '파카드의 하나님'이다. 따라서 우리는 '파카드의 하나님', 곧 '돌보시는 하나님'을 붙들어야 한다.

24절에 쓰인 파카드, 곧 '돌보다'라는 말에는 '반드시 마음에 두고 살피다' '반드시 하나님이 우리의 마음을 방문하실 것이다'라는 뜻이 담겨 있다. 여기서 "인도하여 내사"는 사역형으로 쓰였는데, 하나님의 때가 되면 그분이 누군가를 시켜 이스라엘 백성을 불러내실 것이라는 의미이다. 어디로 가야 하며 어떻게 살아야 하는지 알지 못하는 이스라엘 백성에게 그 해답은 무엇일까? 천천히 하다 보면 다 되는 것일까? 최선을 다하면 이루어지는 것일까? 정답은 '파카드의 하나님'이다. 이는 삶의 방법을 고민하는 청년들에게 요셉이 남긴 중요한 유언이다.

돌보심 뒤에는?

사랑으로 돌보시는 파카드의 하나님은 그분의 백성을 인도하기 위해 위대한 지도자를 내신다. 출애굽기 3장을 보면, 요셉의 유언대로 때가 되었고, 하나님은 모세를 민족의 지도자로 세우기 위해 가시나무 떨기 불꽃 가운데에서 부르신다.

"너는 가서 이스라엘의 장로들을 모으고 그들에게 이르기를 여호와 너희 조상의 하나님 곧 아브라함과 이삭과 야곱의 하나님이 내게 나타나 이르시되 내가 너희를 돌보아[파카드] 너희가 애굽에서 당한 일을 확실히 보았노라"(16절).

"돌보아"는 '파카드'로서, '내가 바로 요셉이 약속하여 유언으로 남긴 그 돌보시는 하나님이다'라는 뜻이다. 파카드의 사역 뒤에서 하나님이 이스라엘 백성을 인도하는, 위대한 지도자 모세를 세우시는 것이다.

마찬가지로 창세기 21장을 보면, 하나님이 사라를 돌보시고(파카드), 민족의 지도자가 되는 이삭을 내신다. 창세기 29장에도 레아를 돌보시는(파카드) 하나님이 등장한다. 하나님은 권위적인 아버지에 의해 여동생의 남자와 결혼하여 남편의 사랑을 받지 못하고 사는 레아의 눈물 기도를 들으신 뒤 이스라엘 지파의 지도자들이 될 아들들을 주신다.

사무엘상 2장에서는, 아들을 달라고 부르짖는 한나의 기도를 들으신 여호와께서 그녀를 돌보사(파카드) 마지막 사사요 이스라엘 민족의 지도자인 사무엘을 주신다.

파카드의 하나님이 돌보심의 증표처럼 보여주시는 지도자의 탄생은 이처럼 끝이 없다. 성경의 모든 지도자는 '하나님의 파카드 사역'을 통해 세워진다. 최초로 통일 왕국의 대왕으로 등극한 다윗 역시 파카드의 하나님을 고백한다.

"사람이 무엇이기에 주께서 그를 생각하시며 인자가 무엇이기에 주께서 그를 돌보시나이까"(시 8:4).

돌보심 앞에는?

하나님의 돌보심 뒤에 하나님의 사랑으로 지도자가 탄생하듯이 하나님의 돌보심 앞에도 파카드의 하나님을 부르는 상황이 나타난다. 애통해하며 하나님 앞에 눈물의 기도로 엎드리는 것이다. 하나님은 사라의 기도를 들으시고 이삭을 주시며, 레아의 기도를 들으시고 각 지파의 족장을 세우신다. 애굽의 압제에 고통당하는 이스라엘 백성이 흘리는 눈물의 기도를 들으시고 모세를 세우신다. 또한 한나의 기도를 들으시고 사무엘을 세우신다.

우리는 어떠한가. 갈 바를 알지 못하고 우왕좌왕하지는 않는가? 그렇다면 이 같은 고민의 뿌리는 무엇일까? 이는 내 인생의 주인에 대한 질문이며, 이에 대한 답을 구할 때 우리는 삶의 방향성을 명확하게 잡을 수 있다. 정답은 파카드의 하나님과 만나는 것이다. 인생에서 이보다 더 깊은 뿌리는 없다. 사람의 지혜나 머리로 계산하여 찾아낸 미래에 인생을 던질 수는 없다. 그러므로 하나님의 파카드로 인생의 길을 삼아라. 하나님의 파카드를 부르기 위해 눈물의 무릎을 꿇어라.

"너희 염려를 다 주께 맡기라 이는 그가 너희를 돌보심이라"(벧전 5:7).

하나님은 우리를 돌보시므로, 우리는 그분께 모든 염려를 맡겨야 한다. 어떻게 살아야 할지 몰라 힘들고 지칠 때 방황하지 말고 하나님의 돌보심을 믿으며 기도의 자리로 나아가자.

88만 원짜리 루저들에게

푸른 청춘의 시기를 살아가는 청년들이 왜 '88만 원'과 '루저(loser)'의 명찰을 붙인 채 불안하고 초라하게 서 있는가? '루저'는 경쟁구도에서 실패한 패자(敗者)를 일컫는 용어인데, '엄친아(엄마 친구 아들)'로 불리는 소수의 승자(勝者)들 맞은편에서 다수로 서성이는 무리로 인식된다. 가진 자와 가지지 못한 자로 나타나는 양극화가 승자와 패자로 귀착된 것이다. 가수 장기하의 노랫말처럼 그들은, "싸구려 커피를 마신다. 눅눅한 비닐장판에 발바닥이 쩍 달라붙었다 떨어진다"의 일상을 반복하며 암울하게 살아간다. 졸업을 해도 취업할 곳이 없으며, 초등학생 때부터 성실하다는 평가를 받았다 해도 마찬가지다. 그들은 '예스(YES, Youth Employment Service) 프로그램' '행정 인턴제'를 비롯하여 벨기에가 자랑하는 '로제타 플랜(청년 실업자들의 추가 고용을 의무화한 제도)'으로도 해결을 받지 못한다.

그러므로 우리는 더더욱 파카드의 하나님을 만나야 한다. "나는 죽지만 하나님이 너희를 돌보실 거야. 나는 죽지만 하나님이 너희를 돌보실 거야"라고 반복하는 요셉의 말은 이 땅에서 어떻게 살아야 하는지 고민하는 청년들을 위한 본질적인 해법이다.

잃어버린 37년

창세기
27장

창세기 27장은 "원숭이도 나무에서 떨어진다"는 속담처럼 믿음의 사람 이삭이 나무에서 떨어지는 모습을 보여준다.

하나님과 늘 동행하는 이삭은, 아내를 누이라 말한 실수밖에 저지른 일이 없다. 온유하게 살고자 몸부림침으로 하나님이 함께해주시는 형통의 복을 누려 우물을 팔 때마다 물이 나온 믿음의 사람이다. 그런데 그러한 이삭조차 노년에는 하나님을 향한 신실한 눈이 어두워진다. 도대체 무엇 때문에 그리되었을까?

늙은 이삭의 37년 공백

창세기 27장부터 36장까지는 이스라엘의 제3대 족장인 야곱의 행적을 다룬다. 야곱은 구약의 족장 가운데 중요한 획을 긋는다. 그를 기점으로 이스라엘의 혈통을 분리하는 작업이 종결되기 때문이다. 그전까지는 '그중의 누가' 선민이 되는 형식이라면, 야곱 이후로는 야곱의 자손 '모두'가 선민이 되는 선민 혈통의 확장이 시작되는 것이다. 그런데 이같이 중요한 이야기를 하면서 성경은 이삭의 노년 모습을 그린다.

본문 1절은 "이삭이 나이가 많아 눈이 어두워 잘 보지 못하더니"라고 시작한다. 이 사건이 일어날 당시 이삭의 나이를 가늠하기 위해서는, 집을 나가는 야곱의 나이를 계산해야 한다. 창세기의 문맥을 살펴보면 야곱이 에서의 축복을 가로채고 라반의 집으로 도망하는 사건은, 우리의 예상보다 늦은 야곱이 77세 때에 일어난다. 복잡하지만 셈을 해보자.

훗날 야곱이 늙어 요셉이 있는 애굽으로 가서 바로 왕 앞에 섰을 때가 130세(창 47:9), 7년 풍년에(창 41:53), 흉년 2년 차에(창 45:6-11) 애굽으로 갔고, 요셉이 총리가 된 나이가 30세였으므로, 야곱은 요셉이 39세일 때 그를 다시 만나게 되었다(30세+7년+2년=39세). 그렇다면 야곱은 91세 때, 요셉을 낳았다(130세-39세=91세). 또 야곱이 밧단아람에 있던 기간을 14년으로 본다면, 야곱은 77세 때 밧단아람으로 떠난 것이다(91세-14년=77세). 물론 야곱이 밧단아람에 있던 기간을 20년으로 보면 71세가 된다. 하지만 여기서는 편의상 야곱의 나이를 77세로 잡았다.

창세기 25장 26절을 보면, 이삭이 60세에 쌍둥이를 낳았고, 그중 한 명인 야곱이 77세에 도망갔으니, 이삭의 나이는 무려 137세이다(60세+77세=137세).

그렇다면 26장에서 이삭의 나이는 어떻게 될까? 34절을 보면, 에서가 40세에 결혼했으므로 이삭의 나이는 100세가 된다. 따라서 26장과 27장에서 이삭의 나이 차는 37년이나 되는 셈이다.

하나님과 항상 동행한 이삭에게 성경은 왜 37년 동안 침묵하고 있을까? 아마도 이 기간에 이삭은 하나님과 맺는 교제를 소홀히 한 듯싶다. 아브라함도 그런 경우가 있기 때문이다. 아브라함이 일부일처의 결혼 법칙을 무시하고 하갈을 취해 이스마엘을 얻자, 하나님은 13년간 아브라함에게 말씀하시지 않았다. 그러므로 이삭의 신앙 상태를 그렇게 짐작하는 것도 과하지는 않을 듯하다(창 16:16-17:1).

자기중심적 삶

그런데 바로 이러한 상황에서 이삭은 무슨 결단을 하는가? 죽기 전에 장자인 에서를 축복하려 한다. 좀 이상하지 않은가? 창세기 25장을 보면, 이삭은 분명 큰 자가 아닌 작은 자, 곧 차자인 야곱이 하나님의 언약을 계승하게 될 것을 알고 있었다. 그럼에도 장남인 에서를 언약의 계승자로 세우려 한다. 도대체 37년 동안 어떤 일들이 있었기에 믿음의 사람인 이삭이 영적 소경이 되어버린 걸까?

이삭은 다음과 같이 말한다.

"① 나를 위하여 사냥하여 ② 내가 즐기는 별미를 만들어 ③ 내게로 가져와서 먹게 하여 ④ 내가 죽기 전에 ⑤ 내 마음껏 네게 축복하게 하라"(3-4절).

'나'라는 말이 5번이나 등장하는데, 이를 통해 자기중심적 사고가 만연함을 알 수 있다. 이삭이 하려는 일은 개인적인 유언이 아니며 사랑하는 장자를 축복하는 차원도 아니다. 여기에는 훨씬 더 중요한 영적인 의미가 있다. 하나님의 언약의 계승자를 축복하는 행위인 것이다. 그런데 이처럼 엄중한 순간에 이삭 자신이 중심이 되어 있다. '내가 축복을 하겠다'는 뜻이다.

이유는 알 수 없으나 잃어버린 37년간 이삭의 삶이 '하나님 중심'에서 '나 중심'으로 전환된 것으로 보인다. 그의 삶 가운데 하나님이 이삭과 함께해주시는 증거를 발견한 사람들이 "이삭, 당신을 보면 하나님이 살아 계신 것 같아요"라고 말함으로, 어느 순간부터 스스로를 잘났다고 여기게 된 것은 아닐까? 그랄에서 아비멜렉과 협정한 이후, 이삭의 삶에는 이렇다 할 고난이 없지 않은가. 그러다 보니, 은연중 하나님 중심에서 나 중심으로 옮겨갔을지도 모른다.

자기중심적인 사람은 아무리 이야기해도 삶의 습관을 버리지 못한다. 말씀 생활을 보면 바로 알 수 있다. 하나님의 말씀에 대한 묵상이 없고 이를 공부하지 않는 사람은 나를 향한 그분의 말씀을 알 수가 없다. 하나님의 말씀을 알지 못하는데, 어떻게 하나님 말씀대로 하나님 중심으로 살 수 있겠는가? 그러므로 말씀 생활은 하나님 중심으로 살아가는 가장 중요한 기준이며, 기도는 그렇게 살고자 자신의 삶을 실질적으로 훈련하는 몸부림이다.

그런데 기도, 말씀, 복음 제시, 큐티 이렇게 4가지 면에서 영성을 관리하는 청년부 리더들의 생활점검표를 확인하다 보면 슬퍼지기도 한다. 그들에게서 하나님 중심의 삶이 무너지고, 하나님의 사역을 세속적이고 자기중심적인 태도로 생각하고 처리하는 모습을 보게 되기 때문이다. 자기중심적이며 자기 위주로 살아가는 사람은 공동체를 중요하게 여기지 않는다. 사역에서조차 자기중심이기 때문에 '내 사정'이 가장 큰 변수로 작용하고, '내 기분'이 가장 중요한 지표가 된다. 그래서 하나님의 백성으로서 지켜야 할 "너희는 먼저 그의 나라와 그의 의를 구하라"(마 6:33)는 원칙은 무시되고 만다.

'하나님 중심'이라는 원칙이 무너지면 영적 타락이 시작된다. 나를 중심에 두는 순간, 하나님의 뜻과 상관없는 행동을 자신도 깨닫지 못하는 가운데 행하는 것이다.

중요하지 않은 것에 대한 집착

이삭의 말을 살펴보면 그가 37년 세월을 잃을 수밖에 없던 까닭을 알 수 있다.

"내가 즐기는 별미를 만들어 내게로 가져와서 먹게 하여"(4절).

"내가 즐기는"이라는 말은 '내가 사랑하는'이라는 뜻인데, 이 '사랑'은 그냥 '내가 선호하는'을 의미하지 않는다. 이는 하나님을 사랑하거나 부모가 자식을 사랑할 때 쓰는 바로 그 사랑이다. 이삭은 미식을 넘어 탐식 수준으로 에서의 별미를 즐긴 것이다.

영적 타락은 하나님을 도외시한 채 결코 중요하지 않은 것에 집착할 때 시작된다. 그것이 죄든 아니든 상관없다. 하나님이 아닌 다른 것 때문에 하나님과 관련된 것이 생략될 때 타락이 시작된다. 말세는 노아의 때와 같을 것이라고 주님이 말씀하셨다. 하나님은 노아의 때를 시집가고, 장가가고, 먹고 마시는 시대라고 표현하셨다. 시집가고, 장가가고, 먹고 마시는 것 자체가 죄는 아니다. 하지만 그에 집착해서 하나님을 위해 헌신할 시간이 없는 시대가 바로 말세이다.

그러한 집착이 있는가? '다른 것은 다 참을 수 있는데, 이것만은 못 참아!' 하는 부분이 있는가? 때로는 그것이 물질일 수도 있고, 애인일 수도 있으며, 나의 개성이나 취향, 스타일일 수 있다. 하나님 말고 나를 즐겁게 하는 것이 있다면 바로 그것이 내가 집착하고 있는 부분이다. 그리고 그냥 좋아하는 정도를 넘어 과도하게 탐식하는 정도에 이르면 영적 타락이 오는 것이다. 그리고 그것은 이미 왔다는 증거이다.

하나님의 말씀은 우리 삶 중심에 와서 심령과 골수를 찔러 쪼갠다. 우리의 집착을 선한 방향으로 돌려놓는다. 그래서 말씀은 교훈과 책망과 바르게 함과 의로 교육하는 역할을 한다. 집착을 놓기 위해서는 내가 집착하고 있다는 사실을 인정하고, 먼저 솔직하게 하나님께 고백하자. 다시 한 번 젊은 날의 인생의 칼자루를 하나님께 드리자. 부여잡고 있는 것을 놓지 않는다면 이삭과 같이 영적 암흑기가 다가올 것이다.

영적 암흑기가 무서운 까닭은 자신이 영적으로 무뎌져 있다는 사실을 깨닫지 못할 정도가 되기 때문이다. 예수님은 말세의 증상에 대해 멸망하는 순간까지 스스로 깨닫지 못하는 것을 지적하셨다. 영적 암흑기가 무서운 또 다른 이유는 영적인 무지함이 그럴싸한 인생의 방향과 목표를 우리에게 제시하기 때문이다. 그 방향과 목표가 잘못되었음에도 우리는 그것을 볼 수 없으므로 판단할 수도 없고, 결국에는 망하고 만다. 하나님 외의 다른 것에 대한 과도한 집착은 이처럼 무서운 결말을 초래한다.

부정적인 사고

이삭의 실수 뒤에는 또 다른 원인이 있다. 이삭이 하나님의 뜻과 상관없이 에서를 축복하겠다고 나서는 이유에 대해 성경은 "내가 이제 늙어 어느 날 죽을는지 알지 못하니"(2절)라고 말한다. 그런데 이 말은 자신이 많이 늙어 오늘내일한다는 뜻이 아니다. 당시 이삭은 137세로 고령이기는 했지만, 그가 죽음을 맞은 것은 180세가 되어서였다. 따라서 앞으로 40년은 더 살 수 있다. 문제는 이삭의 늙음 여부가 아니라 그의 부정적인 사고였다. 그래서 하나님의 뜻을 제대로 파악하지 못하는 것이다.

우리의 복을 좀먹는 주범은 바로 '부정적인 사고'이다. 그리고 이것은 고질병이 되어 고치기가 어렵다. 전염될 뿐만 아니라 한 사람을 초라하게 망쳐놓는다.

이삭은 이 땅에서 그리스도인으로 살기 위해 가져야 할 온유한 삶의 태도를 보여준다. 온유한 삶의 보편적 특징은 무엇인가? 긍정적인 사고이다. 이삭은, 빼앗으면 빼앗기고 쫓아내면 쫓겨나는 삶을 살았다. 그러므로 긍정적인 사고가 없으면 온유한 삶 자체가 불가능하다. 그러한 이삭이 영적 암흑기 37년을 거치며 부정적인 사람이 되고 말았다.

왜 그렇게 된 것일까? 놀랍게도 그의 환경과 경험 때문이었다. 137세가 되던 해, 이삭은 죽음에 대한 두려움으로 힘들어했다. 이복형인 이스마엘이 137세 때, 즉 이삭이 137세가 되기 14년 전에 죽은 것이다. 가까운 사람의 죽음을 목격하면 죽음에 대한 두려움이 찾아온다.

이삭의 부정적인 사고에 의해 차남에게 축복하시려는 하나님의 뜻을 이행하지 못할 상황이 된다. 제자로 부름받은 가룟 유다는 부정적인 사고방식 때문에 예수님을 파는 지경에 이른다. 사울 왕 역시 그의 부정적인 사고에 의해 통일 이스라엘의 주역이 될 자리에서 주의 신이 떠난, 버림받은 종의 신세로 전락한다. 그러나 우리는 "그리스도 안에서는 전부 '예'가 된다"(고후 1:18-20 참조)는 말씀을 잊으면 안 된다.

이삭이 노년에 하나님의 뜻을 저버리고 영적 소경이 된 까닭은, 하나님과 교제하지 않은 37년 때문이다. 그는 자기중심적으로 살았고, 중요하지 않은 것에 집착했으며, 부정적인 사고에 휘둘렸다. 이삭의 시대가 그러했다면 오늘을 사는 우리에게는 더 많은 유혹이 있다. 그러므로 영적 암흑기로 빠지게 하는 이 3가지가 우리에게 있지는 않은지 점검하자. 이런 것을 가볍게 여기면 우리 또한 이삭처럼 소중한 한때를 잃을 것이다. 그리고 먼 훗날 영적 소경이 되어 하나님의 뜻에 어긋난 곳에 서 있는 자신의 모습을 보게 될지 모른다. 그리스도인은 무시로 자신을 돌아보는 지혜를 가져야 한다.

복이 되어 살기

창세기 12장

사람은 누구나 복을 받고 싶어 한다. 한국인들은 스스로 의식하든 의식하지 않든 복을 빌면서 살아왔다. 심지어 숟가락이나 젓가락에도 '福(복)' 자를 써놓고, 이름에도 '福' 자를 넣어 지을 만큼 복을 사모했다. 좋은 일을 하면 "복이 들어온다"고 말하고, 나쁜 일을 하면 "복이 달아난다"고 말한다. 인상이 좋아 보이면 "복스럽게 생겼다"고 하고, 인상이 안 좋아 보이면 "복 없게 생겼다"고 말한다.

한국의 역사도 어찌 보면 복의 역사이다. 개화기 이후로 복음(福音)이나 복지(福地) 같은 번역어들이 만들어졌고, 복지사회(福祉社會)와 같은 개념도 등장했으며, 1970년대에는 복덕방(福德房)과 복부인이라는 말이, 1980년대에는 주택복권이나 올림픽복권 등의 말이 새롭게 등장했다. 이와 같이 사람들은 복을 사모하며 살아왔다.

의미 있는 인생의 시작

그렇다면 성경은 우리에게 '복'에 대해 어떻게 말하고 있을까?

인생에는 밤이 있는가 하면 낮이 있고, 웃을 때가 있으면 울 때가 있다. 그리고 인생은 중요한 변화를 가져올 누군가를 운명적으로 만나는 순간부터 달라지고 의미 있게 된다. 창세기 12장은 아브람이 하나님의 말씀을 듣고 갈대아 우르에서 하란으로, 하란에서 가나안으로 떠나는 배경을 설명한다. 아브람은 바로 이 무렵에 하나님을 만난다.

아브람은 75세가 될 때까지 하나님을 모르고 살았다. 그러한 그에게 하나님의 말씀이 임했다. 하나님이 아브람에게 "네 땅과 네 사람과 네 가족을 떠나라. 네 아비 집을 떠나라"고 말씀하신 것이다. 다시 말해 모든 것을 포기하라는 뜻이다. 그리고 이 말씀에 순종했을 때 아브람의 삶이 의미를 찾기 시작했다.

아브람의 고향은 지금의 메소포타미아, 곧 갈대아 우르였다. 하지만 그의 아버지 데라와 함께 하란으로 가서 오랜 세월 정착한다. 그들이 갈대아 우르를 떠난 이유는 무엇일까? 사도행전의 스데반은 "우리 조상 아브라함이 하란에 있기 전 메소보다미아에 있을 때에 영광의 하나님이 그에게 보여 이르시되 네 고향과 친척을 떠나 내가 네게 보일 땅으로 가라"(행 7:2-3)고 하셨기 때문이라 말한다. 다시 말해 그냥 이렇게 저렇게 살다 보니 하란까지 오게 된 것이다.

아브람은 하란에서 하나님의 말씀이 직접 임했을 때부터 인도하심을 본격적으로 받기 시작했다. 이 사실은 매우 중요하다. 아브람은 갈대아 우르에서도 하나님을 알았다. 그저 알 뿐이었다. 쉽게 말해 일요일이면 교회에 가고 친구가 예배를 드리므로 같이 드리는 신앙이었다. 그리스도인으로 사는 의미를 모르는 것이다. 아브람은 하나님을 섬기는 진정한 의미를 몰랐다. 그러나 하나님의 말씀이 임하자 그의 인생이 달라졌다. 바로 이것이 성경이 말하는 복이다.

말씀에 붙들리는 경험

우리의 인생이 진정 의미 있어지기 위해서는 하나님의 말씀에 심령이 뚫리고 그에 사로잡혀야 한다. 말씀을 읽고 설교를 듣던 중 영혼이 충격을 받음으로 숨도 못 쉬고 눈물범벅이 된 적이 있는가? 감사와 감격에 압도되어 자리에서 한 발자국도 떼지 못한 적이 있는가? 말씀으로 인해 자신의 모든 틀이 깨어지는 경험을 한 적이 있는가? 말씀이 꿀처럼 달아 밤새워 읽은 적이 있는가? 말씀이 살아 있는 글씨가 되어 나를 온통 이끈 적이 있는가?

말씀은 바로 이 같은 현상을 보여준다. 우리는 말씀에 붙들리는 순간 비로소 하나님의 간섭을 받으며 살기 시작한다. 말씀 때문에 포기하고, 기득권을 내려놓고, 참고 울고 웃어서 바보처럼 되는 일이 생기는 것이다. 말씀을 붙드니 기도가 응답되고, 말씀을 붙드니 기적이 일어나는 역사를 볼 수 있다. 그러나 요즘 들어서는 말씀으로 인해 기득권을 포기하는 것이 아니라, 기득권자가 되고 복을 받고 잘되기 위해 말씀을 읽는 것으로 보인다. 그리고 이러한 상황에서는 말씀이 역사하지 않는다.

말씀에 붙들리기 위해서는 왜 세상의 것을 포기해야 할까? 아브람의 경우, 왜 본토 친척 아비 집을 떠나야 했을까? 복을 담는 그릇을 세상에 두고 있기에 그릇을 비우지 않는 한 하나님이 주시는 복으로 채울 수 없기 때문이다. 여기서 비워야 채울 수 있다는 것은 사실 신앙의 문제라기보다는 상식의 문제이다. 하지만 기독 청년들은 이 상식의 문제 하나조차 이해하기가 쉽지 않다. 그들은 "왜 나에게는 복을 안 주시느냐?"고 말할 뿐이다.

그릇을 깨끗하게 비우는 작업을 성경은 '포기' '떠남' '버림'이라는 말로 표현한다. 세상이 주는 것을 의지하는 사람은 어려운 일이 생기면 자신의 것을 의지한다. 학벌, 지혜, 재주 등에 기대는 것이다. 머리로는 하나님을 믿지만 실제로는 자기 능력을 믿는다. 그래서 이 세상의 것들을 버리지 않고는 하나님의 말씀에 의지하여 살 수 없음을 깨닫게 하시려고 하나님은 우리 삶에 고난과 실패, 좌절 등을 허락하신다.

이때 우리는 세상의 것을 버려야 하나님의 말씀을 만나는 것이 아님을 기억해야 한다. 반대로 하나님의 말씀을 받아들여야 세상의 것을 버릴 수 있는 힘이 생긴다. 우리는 그러한 관점에서 아브람의 삶을 바라봐야 한다. 아브람은 본토 친척 아비 집을 떠났기 때문에 하나님의 말씀과 만난 것이 아니라, 하나님의 말씀을 듣고 순종했기 때문에 본토 친척 아비 집을 떠날 수 있었다.

기복신앙祈福信仰과 위복신앙爲福信仰

하나님의 말씀을 들은 아브람이 그의 모든 것을 포기하고 본토 친척 아비 집을 떠났을 때, 하나님은 아브람에게 큰 민족을 이루고 이름이 창대하게 되는 복을 주겠다고 약속하셨다. 하나님이 아브람에게 약속하신 복은 그가 하나님 앞에서 얻게 될 특별한 지위로서 세상의 복이 되고 믿음의 아버지가 되는 것이다. 에베소서 1장은, 하나님이 우리를 부르신 목적이 하늘에 속한 모든 신령한 복을 주시기 위함이라 말한다. 포기하고 비우면 하나님이 채우신다. 믿음의 아버지 아브람이 복이 된다는 말은, 모든 믿는 사람들 역시 이 땅에서 복으로 살게 되리라는 뜻이다. 우리는 복을 '받는' 사람들이 아니라 복이 '되는' 사람들인 것이다.

따라서 그리스도인이란 이 복을 나누어주는 통로이다. 그러나 오늘날의 많은 그리스도인들은 복을 받기만을 구한다. 기독교 안에서 기복신앙이 문제 되는 이유도 이런 맥락이라 할 수 있다. 우리는 기복신앙이 아니라 위복신앙을 꿈꾸어야 한다. 복을 비는 신앙이 아니라 복이 되는 신앙을 가져야 하는 것이다. 그리고 바로 이것이 우리를 향하신 하나님의 뜻이며 그리스도인이 살아가는 방식이다.

전 세계를 돌아보면 한국 교회만큼 열정적이고 부지런한 교회가 없다. 새벽기도를 드리고, 철야기도를 하며, 여전히 노방전도를 한다. 하지만 그 밑바닥에는 예수를 잘 믿어서 복을 받으려는 경향이 강하게 자리한다. 우리의 기도제목만 하더라도 대부분 복을 달라는 기도가 아니던가. 그러나 복을 받기 위해 신앙생활을 하는 것과 복이 되기 위해 신앙생활을 하는 것은 아주 커다란 차이를 지닌다.

복을 '받는 것'으로 생각하는 사람은 복이 주어지면 감사해하고 자랑한다. 그런데 복을 받는 개념으로 이해해버리면, 똑같은 하나님을 믿으면서도 복을 받지 못하는 사람들이 많아지는 문제가 발생한다. 내가 가진 것을 '받은 복'이라고 생각하는 것도 신앙이지만 이러한 신앙으로는 남을 돕는 데 한계가 있다. 어떤 사람에게는 하나님이 복을 안 주시는 분이 되어버리는 것이다.

반대로 자신을 복이 '되는 것'으로 생각하는 사람은 복이 주어지면 감사해하지만, 나아가 복을 나누려 한다. 바로 성경이 말하는 은사(恩賜)의 개념이다. 그렇다면 은사와 재능의 차이는 무엇인가? 은사는 하나님과 이웃을 위해 사용하는 것이고, 재능은 자신을 위해서만 사용하는 것이다. 아무리 재능이 뛰어나다 해도 하나님과 이웃을 위해 사용하지 않으면 단지 재능일 뿐이며, 그곳에 하나님의 영광은 나타나지 않는다.

복을 '받는 것'이라고 생각하는 사람과 복이 '되는 것'이라고 생각하는 사람은, '복을 하나님과 이웃을 위해 사용하느냐, 사용하지 않느냐'에서 두드러진 차이를 나타낸다. 복이 되는 사람은 주어진 모든 것을 복이라기보다 은사로 이해한다. 자신이 잘하는 것과 자신에게 많은 것, 심지어 물질까지도 은사로 여긴다. 그래서 하나님과 이웃을 위해, 교회를 위해 기꺼이 내놓는다.

그리스도인들은 복을 빌기보다 복이 되는 삶을 사모해야 한다. 물질의 복을 구하는 것을 내려놓고, 물질을 흘려보낼 수 있는 복된 사람이 되게 해달라고 기도하자.

나를 축복하게 하라

그렇다면 어떻게 해야 복이 되는 인생을 살 수 있을까? 내게 있는 것을 나누는 것을 넘어서서 '복이 되어 사는 삶'의 개념을 알아야 한다. 그리고 이 개념은 하나님이 아브람에게 하신 말씀 가운데 분명히 나타난다.

"너를 축복하는 자에게는 내가 복을 내리고 너를 저주하는 자에게는 내가 저주하리니 땅의 모든 족속이 너로 말미암아 복을 얻을 것이라 하신지라"(3절).

그것은 한마디로 다른 이들이 나를 축복하게 하는 것이다. 내가 다른 사람들을 잘 섬기고 그리스도인으로 바르게 살아감으로써, "정말 예수 믿는 사람은 다르다"라는 말을 듣게 된다면, 예수님을 믿는 나는 하나님이 명하신 복이 되어 내 것을 나누는 복의 통로가 된다. 그런데 반대로 혈기를 부리고 욕심을 내며 거짓말을 함으로써 사람들이 나를 저주하게 된다면, 나로 인해 그 사람이 믿음을 갖지 못하므로 나는 저주의 통로가 되는 것이다. 우리는 믿기만 하면 무조건 복의 근원이 되는 줄 알지만, 하나님이 약속하신 복은 절대적 복이 아닌 조건적 복이다. 그리고 이는 신약에서 '그리스도의 향기'의 개념으로 전승된다.

"우리는 구원받는 자들에게나 망하는 자들에게나 하나님 앞에서 그리스도의 향기니 이 사람에게는 사망으로부터 사망에 이르는 냄새요 저 사람에게는 생명으로부터 생명에 이르는 냄새라 누가 이 일을 감당하리요"(고후 2:15-16).

그리스도의 향기는 모든 이들에게 생명을 주지 않는다. 이 말씀

역시 우리의 삶을 전제한다. 우리는 이 땅에서 어떻게 사느냐에 따라 복이 될 수도 있고 저주가 될 수도 있다. 이 땅에서 어떻게 사느냐에 따라 구원을 얻게 하는 향기가 되기도 하고 사망에 이르게 하는 악취가 되기도 하는 것이다.

이처럼 우리에게 약속하신 복의 개념은 철저하게 조건적이지만, 안타깝게도 우리의 삶은 저주가 되고 사망의 향기가 될 가능성이 높다. 우리는 본질상 진노를 받게 되어 있는 죄의 노예이기 때문이다. 머리끝에서 발끝까지 죄로 프로그래밍 되어 있어서 타이밍만 맞으면 죄에 손을 댄다. 우리는 죄로부터 자유로울 수 없는 존재인 것이다.

그렇다면 우리에게 소망은 없을까? 어떻게 하면 다른 이들이 나를 축복하게 하는 삶을 살 수 있을까? 이에 대해 창세기 12장은 하나님의 말씀과 만날 것을 제시한다. 말씀에 붙들리고 그에 사로잡혀야 하는 것이다. 말씀에 근거하여 본토 친척 아비 집을 떠나 굶어 죽을 수도 있는 결단을 해야 하며, 나의 기득권과 의지하는 모든 것을 포기하고 버려야 한다.

"아브람이 여호와의 말씀을 따라갔고"(4절).

바로 이같이 할 때, 우리는 이 땅에서 복이 되어 생명을 나누는 삶을 살 수 있다. 자신이 받은 복을 세어보기보다 복이 되어 살아가고 있는지 살펴보자. 만약 자신의 신앙이 위복이 아니라 기복에 가깝다면 아직 하나님의 말씀을 만나지 못한 것이다.

복이 되는 삶은 하루아침에 이루어지지 않는다

마침내 아브람이 가나안 땅에 들어갔다(5절). 그리고 하나님이 또다시 나타나서서 이 땅을 아브람과 그의 자손에게 주겠다고 선언하신다(7절). 이에 아브람은 그곳에 제단을 쌓고 하나님께 예배를 드린다. 그런데 여기서 8, 9절을 살펴보면, 두 구절이 뭔가 부정적인 뉘앙스로 연결된 느낌이다.

"여호와의 이름을 부르더니 점점 남방으로 옮겨갔더라."

아브람은 왜 점점 남방으로 내려갔을까? 5절에서는 "마침내"라는 말을 사용하여 아브람의 여행을 설명한다. 쉽지 않은 여행이었음을 말해주는 대목이다. 설상가상 가나안 땅으로 들어가니 사람들은 더욱 거칠뿐더러 거인들만 있다. 아브람은 가나안 땅을 지나 세겜 땅 "모레 상수리나무"에 이르렀는데, '모레'는 지명일 수도 있지만 '예언을 하는 신성한 나무'라는 뜻도 된다. 가나안 사람들은 사막에서 자라는 푸른 나무를 신성시하여 그에 걸맞은 이름을 붙여 숭배하고 점을 보며 제사를 드렸다.

이 같은 맥락에서 본다면, 아브람은 가나안 땅에 들어갔을 때 약속의 땅다운 점을 전혀 발견하지 못했을 것이다. 우상 숭배가 판을 치고 사람들은 거칠고 강했을 것이다. 그래서 아브람은 점점 남쪽으로 내려갔다. 아무리 생각해도 하나님이 주신 땅 같지 않기에 계속해서 내려가다가 결국 애굽 땅까지 가게 되었다.

우리는 복이 되는 삶이 하루아침에 이루어지지 않는다는 것을 알아야 한다. 하나님의 말씀을 만날 때 본토 친척 아비 집을 떠날 수 있지만, 말씀에 붙들려도 여전히 어려움을 겪을 수 있다. 여전히 경제적인 문제는 해결이 안 되고, 진로는 칠흑 같은 어둠이고, 어렵게 산을 넘고 보니, 광활한 평지가 아닌 가시밭이 새로이 시작될 수도 있다. 그리고 결정적으로 죄의 유혹에 속수무책인 자신의 모습을 발견한다.

하지만 실망하지 마라. 원래 복이 되는 싸움은 시간이 걸린다. 더디다고 남쪽으로 내려가면 곤란하다. 아브람에게 남쪽은 하나님으로부터 멀어지는 것을 뜻했다. 넘어지고 실패하더라도 인내하면서 우리에게 말씀하시는 하나님께 계속해서 나아가야 한다. 변화되지 않는 자신의 모습 때문에 실망하지 말고, 복이 되어 살아가는 것은 시간이 걸린다는 사실을 기억하며 하나님의 말씀 앞으로 나아가기 바란다.

두려움 세 번째 이야기

상처

"상처가 깊어
죽고 싶어요…"

고통 속에 피는 꽃

창세기
29장

한국인들에게 '한'은 화로 표출되어 원망과 싸움의 불씨가 된다. 한민족(韓民族)을 한민족(恨民族)이라 일컬을 정도로 '한'은 우리에게 익숙한 정서이다.

우리는 상실의 한이 유독 컸던 까닭에 이를 극복하려는 마음에서 일류대 병, 사법고시 병, 대기업 병 등을 양산하고 말았다. 그러다 보니, '큰 인물 콤플렉스'에 의해 대부분의 아이들이 열등감과 좌절감 속에서 성장한다. 그리고 이러한 모양으로 내재된 한은 언제든 폭발하려는 시한폭탄 같아서 갈등 상황에서 큰소리를 치거나 싸우는 모습으로 드러난다.

한을 품은 여인, 레아

창세기 29장에는 설움 속에 살던 여인, 레아가 등장한다. 그리고 레아의 슬픔을 이렇게 묘사한다.

"여호와께서 레아가 사랑받지 못함을 보시고 그의 태를 여셨으나 라헬은 자녀가 없었더라"(31절).

우리는 레아의 입장에서 이를 묵상할 필요가 있다. 야곱은 애초에 레아와 결혼하기를 원치 않았다. 야곱은 꿈에도 그리던 여인 라헬을 사랑하여 7년을 봉사한 것일 뿐, '얼굴을 찌푸리고 사는 레아'를 사랑한 것이 아니다. 그러므로 레아와 결혼했다고 하여 그녀에게 사랑의 감정이 솟아날 리 없다.

여기서 쓰인 "사랑받지 못함"이라는 말은 그저 사랑을 받지 못했다는 정도가 아니라, '미워하다' '가증스럽게 여기다' '싫어하다'라는 의미의 수동형이다. 레아는, 야곱이 가증스러워한 만큼 줄기차게 미움을 받았다. 그러나 '원하지 않은 결혼'이라는 야곱의 불만에 비추어보면 레아도 마찬가지다. 레아는 순전히 아버지 때문에 결혼하게 된 것이니, 그녀의 설움이 더 크지 않을까? 게다가 남편으로부터 미움을 받는 처지가 되었다. 레아의 입장에서는 얼마나 고통스럽고 억울한 일인가. 싫다는 말 한마디 못하고 권위적인 아버지의 말에 순종하여, 동생을 위해 준비된 방에서 동생의 남자와 첫날밤을 치른 레아의 심정을 돌아본 적이 있는가? 성경은 절절한 인생의 이야기를 많이 담고 있지만, 레아의 이야기는 더욱 애처롭다.

레아도 라헬처럼 야곱을 흠모했을지 모른다. 그의 성실함과 목자로서의 탁월한 능력, 근동의 뙤약볕에서 땀을 닦으며 하늘을 향해 웃는 야곱의 표정을 보며 애틋한 사랑을 키워왔을 수 있다. "라헬 대신 네가 신방에 들어가야겠다"라고 아버지가 말할 때, 레아는 '하나님이 나를 이렇게 인도하시는 것인가?' 하고 환호했을 수 있다. '하나님이 내 기도를 들으셨을 거야. 나같이 못난 여자를 누가 데려갈까? 저렇게 멋진 야곱이 내 남편이 되다니…' 하고 설레었을지 모른다. 그러면서 한편으로는 '지금은 비록 사랑을 못 받고 있지만, 살다 보면 달라질 거야. 내가 더 잘하면 되겠지. 남편 내조도 잘하고, 동생에게도 잘 대해주면 라헬도 어쩌겠어? 처음에는 힘들지만 갈수록 나아질 거야. 이렇게라도 하지 않으면 나는 영영 시집을 못 갈 수도 있어'라고 생각했을지 모른다.

그런데 이게 웬일인가. 일주일의 결혼 잔치가 끝날 무렵, 아버지는 동생 라헬까지 야곱에게 주고 말았다. 그렇게 두 자매가 나란히 야곱의 아내가 되어버렸다. 레아로서는 하늘이 무너져 내리는 느낌이었을 것이다. 원래 야곱의 여자는 라헬이었고, 그는 여전히 뜨겁게 라헬을 사랑하고 있었다. 레아는 야곱과 라헬 사이에서 천덕꾸러기가 될 것이다. 그리고 동생 라헬에게는 자신의 남자를 빼앗은 원수가 되는 것이다.

레아는 앞으로 어떻게 될까? 레아에게 남은 것은 '라헬은 성격이 별로 안 좋으니까, 살다 보면 야곱의 마음이 내 쪽으로 기울 수도 있어!' 하는 실낱같은 희망뿐이었다. 하지만 성경은 "레아가 사랑받지 못함"이라고 단정 짓는다. 야곱은 레아를 대놓고 증오하면서 라헬과 자신 사이에 끼어든 원수처럼 대한다. 레아가 경험했을 듯한 '한'은 바로 이것이다.

보시는 하나님

만약 나 자신이 레아라면 어떤 선택을 할 것 같은가? 세계적으로 높은 한국의 자살률과 이혼율을 고려하면, 자살하거나 이혼할 가능성도 다분할 것이다. 하지만 레아는 다른 대안을 택한다. 하나님이 보시는 것에서 인생의 실마리가 풀리기 때문이다.

"여호와께서 레아가 사랑받지 못함을 보시고 그의 태를 여셨으나…."

하나님은 레아가 사랑받지 못함을 보셨다고 한다. 여기서 '보다'라는 말은 상대방의 모든 상황과 형편을 면밀히 관찰하여 충분히 이해한다는 뜻이다. 하나님은 레아의 태를 여시기 전에 먼저 그녀를 보셨다. 하나님이 우리의 고통을 보시는 것이 은혜이다. 우리가 평안하지 않을 때, 사랑받지 못할 때, 짝이 없을 때, 우리를 바라보시는 역사를 통해 엉킨 실타래가 풀리기 시작한다.

레아는 드디어 태가 열리는 복을 받았다. 여기서 '여셨다'는 말은 '열다' '풀다' '시작하다'라는 뜻이다. 하나님이 레아의 태를 여시는 순간, 그녀의 인생이 풀리기 시작한다.

"레아가 임신하여 아들을 낳고 그 이름을 르우벤이라 하여 이르되 여호와께서 나의 괴로움을 돌보셨으니 이제는 내 남편이 나를 사랑하리로다 하였더라"(32절).

"르우벤"이라는 이름은 '보라, 아들이로다!' 하는 뜻이다. 레아가 르우벤을 낳고 내린 결론은 '여호와께서 나의 괴로움을 돌보셨다'인 것이다. 이는 자신의 괴로운 심정을 하나님께 아뢰었다는 말이다. 레아는 하나님이 자신을 보고 계시고, 그로 인해 철저하게 자신을 알고 계시는 하나님의 은혜를 기도로써 체험했다.

하나님은 우리 인생을 돌보는 분으로 찾아오신다. 하나님은 사라를 돌보심으로 그녀에게 이삭을 주셨다(창 21:1-3). 또한 하나님은 요셉을 돌보심으로 파란만장한 삶 속에서 외로움과 좌절, 증오를 경험한 요셉이 "나는 죽으나 여호와께서 정녕히 너희를 돌보실 것이라"라고 유언하게 하신다. 애굽에서 고통 하는 백성들의 소리를 듣고 그들을 돌보기 위해 모세를 불러 출애굽 사역을 시작하는 하나님이시다(출 3장). 모세는 애굽에서 나올 때 요셉의 해골을 취한다. "하나님이 너희를 반드시 돌보실 것이라"는 요셉의 유언 때문이다(출 13장).

지난 세월을 돌아보면, 인생의 심각한 위기 때마다 하나님은 우리를 돌보는 분으로 찾아오셨다. 따라서 하나님이 언제나 나를 보고 계심을 믿고 그분께 나의 상황을 아뢰어야 한다. 그렇게 할 때 역사가 우리에게 증명해준 하나님, 돌보시는 하나님을 만나게 될 것이다.

들으시는 하나님

레아는 고통 중에 첫아들을 낳은 뒤 이스라엘의 역사 가운데 그분의 백성들을 끊임없이 돌보시는 하나님이, 자신의 하나님이라는 사실을 깨달았다. 처음에 레아는 아들만 낳으면 남편이 자신을 사랑할 것이라 착각했다. 하지만 야곱은 여전히 레아를 사랑하지 않았다. 아마도 그녀는 하나님 앞에서 울었을 것이다.

"그가 다시 임신하여 아들을 낳고 이르되 여호와께서 내가 사랑받지 못함을 들으셨으므로 내게 이 아들도 주셨도다 하고 그의 이름을 시므온이라 하였으며"(33절).

하나님은 다시 그녀를 돌보아 시므온을 주셨다. "시므온"은 '그가 들으셨도다'라는 뜻이다. 레아는 첫째 아들에 이어 둘째 아들 시므온을 낳은 이후로 하나님의 마음을 읽는 수준에까지 이르렀다.

고난에 처하면 우리는 하나님의 뜻을 알지 못하여 하나님을 원망하기도 하는데, 그때는 고난받는 까닭에 집중하기보다 고난의 이편과 저편에 계시는 하나님의 마음에 집중해야 한다. 사랑받지 못하는 우리를 가엾게 보시고, 한이 서린 고통을 아파하시는 연민, 그것이 하나님의 마음이다. 우리는 이 마음을 읽고 '하나님이 나와 함께 하시는구나!'라고 깨달아야 한다. 바로 그때 하나님의 위로가 파도처럼 밀려온다.

하나님이 태를 한번 여시자, 레아의 출산이 멈추지 않았다.

"그가 또 임신하여 아들을 낳고 이르되 내가 그에게 세 아들을 낳았으니 내 남편이 지금부터 나와 연합하리로다 하고 그의 이름을 레위라 하였으며"(34절).

셋째 아들의 이름 "레위"는 '화해'와 '연합'이라는 의미이다. 레아의 인생에서 가장 중요한 기도제목은 남편과 진정한 연합을 이루는 것이다. 레아는 세 아들을 낳은 뒤 다음과 같이 선포한다.

"내 남편이 지금부터 나와 연합하리로다!"

우리는 자신의 운명이 바뀔 것이라는 기대에 가득 찬 레아의 모습을 볼 수 있다.

섭리하시는 하나님

레아는 이제 넷째 아들을 낳는다.

"그가 또 임신하여 아들을 낳고 이르되 내가 이제는 여호와를 찬송하리로다 하고 이로 말미암아 그가 그의 이름을 유다라 하였고 그의 출산이 멈추었더라"(35절).

"유다"의 이름은 '찬송하다' '찬양하다'라는 의미이다. 하나님의 섭리를 깨닫게 된 레아는 이제 하나님을 찬양하기 시작한다.

인생에서 가장 기쁜 결혼식 날, 가장 큰 슬픔을 경험한 여인. 레아의 눈물과 아픔을 보신 하나님께서 그녀의 태를 여시고, 슬픔을 기쁨의 찬송이 되게 하셨다.

레아가 마주한 고통은 우리가 겪는 영적 고통과 다르지 않다. 그녀는 고통의 시간에 눈물로 기도하여 르우벤('보다')을 낳았고, 돌보시는 하나님을 만났다. 그녀는 시므온('듣다')을 낳음으로 우리 인생의 믿음 없음을 보고 들으시는 하나님을 만나며, 레위('연합하다')를 낳음으로써 하나님의 섭리하심을 깨닫고 진정한 삶의 변화를 맞는다.

고통을 통해 하나님께 나아가 기도한 레아는 이스라엘 민족 전체의 역사적 변혁을 낳는다. 레위는 그 의미처럼, 하나님과 백성들의 진정한 연합과 화해를 돕는 지파가 된다. 레아는 넷째 아들 유다를 낳으며 하나님을 온전히 찬양하고 예배한다. 그리고 우리가 영원히 찬송할 이유가 되시는 예수 그리스도는 바로 이 유다 지파를 통해 오신다.

레아의 인생은 우리와 똑같다. 레아가 불행하기만 했는가? 그러나 영적인 관점에서는 세상에서 가장 복된 여자이기도 하다. 복된 인생은 고통 속에서 그 복을 키워간다. 따라서 고통은 복을 주시기 위한 하나님의 도구가 된다.

우리는 하나님 앞에 레아가 얻은 네 아들의 은혜를 구해야 한다. 나의 상황과 형편을 지켜보시고 돌보시는 하나님을 만나게 해달라고 기도하자. 나의 기도를 들으시는 하나님을 만나고 그분의 마음을 깨닫게 해달라고 기도하자. 고통이 떠나고 삶의 변혁이 시작되기를 기도하자. 그리고 온전히 찬양받으실 하나님을 사랑하고 그분께 헌신하자. 레아는 그 고통이 만만치 않았지만, 온전히 감당함으로써 아름다운 꽃을 피워냈다. 하나님께 나아가면, 그분의 돌보심 가운데 하나님을 찬양하는 은혜를 누리게 될 것이다.

상처로부터 자유하는 길

창세기 50장

한때 근대식 의료 기관이자 의학교육 기관이던 제중원(濟衆院, House of Universal Helpfulness)을 둘러싼 드라마가 방영된 적이 있는데, '황정'이라는 의사가 주인공이었다. 그는 백정의 아들로 태어나 '소금개'라는 이름으로 살았는데, 우연한 기회에 의학을 배워 조선 최고의 의사가 되었다. 그러나 항상 자신의 천한 신분에 발목이 잡혀 있어야 했다. 사람을 살려놓았음에도 백정이 양반, 더욱이 아낙네의 몸을 만졌다는 이유 때문에 죽을 고비를 맞기도 했다. 아버지의 다리를 절단하는 수술을 하느라 자신의 정체를 고백할 수밖에 없던 황정이 제중원에서 쫓겨나면서 남긴 한마디는 유난히 기억에 남는다.

"오랫동안 꿈을 꾼 것 같아. 다시 백정의 옷을 입으니 이렇게 편할 수가 없어."

그는 자신의 신분을 운명처럼 받아들였다. 당대 최고의 의술을 지니고 죽어가는 사람을 수없이 살려낸 그가 자신의 과거와 신분에 발이 묶여 억울한 옥살이를 당하면서 아무것도 할 수 없는 처지가 되었다.

사명을 향해 달리다가 과거의 상처에 발목이 잡혀 앞으로 나아가지 못하고 비관하는 청년들이 있다. 어느 순간 상처가 삶의 한복판으로 솟아올라 자신을 형편없이 무너뜨리는 것이다.

자유함의 비밀

창세기 50장은 야곱의 아들들이 '이스라엘 민족의 구원'이라는 역사적 사명을 향해 달려가려 할 때, 그들의 발목을 잡는 치명적인 상처에 대해 전한다. 동생 요셉에게 저지른 죄에 관한 것으로, 30년 전 일임에도 그들은 거기에 발이 묶여 아무것도 못하는 상태에 있었다. 아버지 야곱의 임종 후 요셉의 복수를 두려워한 그들은, 요셉에게 사람을 보내어 "아버지가 과거의 죄를 용서하라고 하셨다"라고 조작된 유언을 전하기도 한다. 요셉이 울었다는 소식을 전해 듣고 그들은 두려움 때문인지, 용기를 낸 것인지 요셉에게 찾아가 엎드린다. 요셉은 형들 스스로 과거의 죄로부터 자유할 수 있도록 진정한 용서를 선포한다.

상처는 우리를 철저하게 과거에 묶어놓는 속성이 있다. 부모님이 이혼을 하거나, 사업이 부도나서 도망을 다닌 것, 사랑하는 사람에게서 버림을 받은 것 등은 과거의 상처이다. 그리고 우리는 상처에 발이 묶여 현재를 힘 있게 살아가지 못한다.

개인의 상처뿐 아니라 공동체의 상처도 아픔이 된다. 역사 청산 문제는 우리를 과거에 묶어두는 상처로 작용하기 쉽다. 과거의 상처에 매여, 용서하지 못한 마음이나 용서받지 못한 마음 때문에 결정적인 순간 앞으로 나아가지 못하는 모습을 보노라면 안타깝기 그지없다.

요셉의 과거는 불행했다. 형들 때문이었고, 아버지의 화려한 여성 편력 때문일 수 있다. 하지만 요셉은 상처에 얽매이지 않았다. 형들을 원수로 대하지도 않았다. 반면에 형들은 요셉을 노예로 팔아넘긴 후 30년이 지났는데도 하나님의 약속과 미래를 바라보지 못하고 여전히 과거에 매여 있다. 결국 그들은 위대한 민족의 미래로 나아가는 길에 한 발자국도 내딛지 못한 것이다.

우리는 여기서 요셉과 형들의 차이를 직시할 수 있다. 누구나 인생에서 결정적인 순간을 맞기 마련이다. 그런데 마음의 상처가 깊은 사람은 그 순간 합리적이고 긍정적인 판단을 하지 못한다. 평소에는 괜찮은 것 같아도 위기가 닥치거나 하나님의 응답이 늦어지면 불안해서 견디지를 못하고 내면의 화를 주체하지 못한다. 성경은, 그렇게 과거에 묶여 불안에 떠는 형들의 모습을 보며 요셉이 울었다고 전한다.

"우리는 당신의 종들이니이다"(18절).

요셉을 찾아온 형들의 말이다. 상처는 요셉이 더 받았을 텐데, 오히려 형들이 과거에 매여 있다. 요셉은 뭐라고 말하는가?

"두려워하지 마소서 내가 하나님을 대신하리이까"(19절).

요셉은 과거의 상처를 자신의 힘으로 해결하려 들지 않는다. "다 지난 일인데, 괜찮아요"라고 말하지도 않는다. 요셉은 아주 애매하게 답한다. 그는 자신의 상처와 형들의 두려움에 대해 가타부타 말하는 것을 '하나님이 되려는 것'으로 간주한다. 그는 사람을 판단하는 일은 하나님의 일이라고 명확히 인식한다. 요셉이 상처를 치유받은 비밀이 바로 이것이다. 요셉은 다음과 같은 신앙고백을 한다.

"나는 예전에 너무 큰 상처를 받았다. 하지만 아버지이신 하나님은 세상 그 누구보다도 나를 더욱 사랑하신다. 그분은 나의 상처를 반드시 선하게 바꾸실 것이다."

하나님은 악을 선으로 바꾸실 수 있다. 이를 믿지 못해 불안해하면서 영적 침체에 빠져 허우적거린다면, 사명의 자리에 서 있지 못한다. 그렇게 되면 하나님도 안타까워하며 우신다.

우리는 하나님을 온전히 신뢰해야 한다. 나에게 상처를 준 사람을 용서할 수 있는 이유는, 하나님은 그것을 선으로 바꿀 능력을 가지신 분이기 때문이다. 원망과 보복은 하나님의 섭리를 가로막는 장애물이다. 그것은 스스로 하나님이 되려는 어리석음과 같다.

상처는 하나님의 질문

상처 때문에 힘들어하는가? 그런데 그 상처가 하나님이 나에게 던지시는 질문의 매개체가 된다는 사실을 아는가? 하나님은 상처를 통해 이렇게 물으신다.

"너는 나를 무엇으로 믿느냐?"

"내가 과거의 악과 상처를 선으로 바꿀 수 있고, 그렇게 하고 싶어 하는 사실을 너는 믿느냐?"

이에 대해 "그렇다고는 알고 있으나 실제로는 그렇지 못한 것 같습니다. 저는 여전히 괴롭고 힘듭니다"라고 답한다면, 상처는 여전히 우리 안에 남게 된다. 그러나 하나님을 고백하고 믿음으로 선포하면, 질문의 매개체인 상처는 우리 안에서 부정적인 힘을 조금씩 상실한다. 하나님은 우리 삶을 통해 그분의 전능하심을 증명하시는 분이다. 그리고 신실하신 하나님은 분명 그렇게 하신다. 상처에 나의 잣대를 들이대지 말고 하나님의 선하심이 자리하도록 하자. 그렇게 하면 상처로부터 온전히 자유로워질 수 있다.

'하나님은 과거의 악을 선으로 바꾸실 수 있는 분'이라는 신앙고백은, 과거를 청산하는 첫 단추이다.

"우리가 알거니와 하나님을 사랑하는 자 곧 그의 뜻대로 부르심을 입은 자들에게는 모든 것이 합력하여 선을 이루느니라"(롬 8:28).

하나님이 이같이 하실 수 있는 분임을 믿는가? 이는 그냥 "믿습니다" 하고 우겨서 되는 것이 아니다. 우리는 신앙고백을 실천함으로써 믿음을 성립한다. 요셉 역시 고백만 하지 않았으며 형들의 자식까지 양육하겠다는 약속을 함으로 그들의 죄책감과 두려움을 없애준다.

"당신들은 두려워하지 마소서 내가 당신들과 당신들의 자녀를 기르리이다 하고 그들을 간곡한 말로 위로하였더라"(21절).

상처받은 입장에 선 요셉이 굳이 이런 말까지 할 필요가 있을까?

그러나 요셉은 형들을 간곡한 말로 위로한다. 이것이 진정한 화해요 용서이며 참그리스도인의 모습이다.

상처 입은 치유자

상처받은 자가 상처 준 자를 위로하는 것은, 하나님 나라의 백성으로서 지녀야 할 모습이요 전능하신 하나님을 믿는 자의 증거이다. 과거의 상처를 극복하고 미래를 향해 전진하려면 이 같은 신앙을 고백하고 그대로 실천하는 용기가 필요하다. 내게 상처를 준 사람이 멀리 떨어져 있는가? 굳이 찾아갈 필요는 없더라도 그를 위해 기도하고 축복하는 일을 시작하자. 쉽지 않겠지만, 하나님의 선하심을 믿고 기도하면 놀라운 일을 경험할 수 있다. 나에게 상처를 준 사람을 향해 간곡한 말을 할 수 있게 되는 것이다. 이때 우리는 과거의 상처로 인해 더 이상 아파하지 않는다. 그리고 앞을 향해 질주하는 자신을 보며 기뻐한다.

그리스도인의 대인관계에서 중요한 원칙 하나가 있다. 다툼이 일어나면 잘못한 쪽이 먼저 용서를 구하게 되는데, 항상 이 정당성의 문제 때문에 용서와 화해가 어렵다. 내가 옳은 것이다. 그러나 그리스도인은, 잘못한 사람이 먼저 용서를 구해야 한다고 고집하지 않는다. 그것은 세상의 원리일 뿐이다. 성숙한 사람이 먼저 용서를 구하는 것이 그리스도인의 원칙이다.

마음에 상처가 있으면, '너는 내가 악을 선으로 바꾸는 하나님임을 믿니?'라는 하나님의 질문에 답할 수가 없다. 하나님의 선하심을 깊이 체험한, 성숙한 사람만이 답할 수 있기 때문이다. 그래서 그리스도인의 관계에서는 용서를 구하는 사람이 성숙한 사람이게 마련이다.

가해자가 내게 용서를 구하지 않는다 하여 속상해하지 말자. 그리고 피해자가 가해자인 나의 잘못을 용서해주지 않는다고 속상해하지도 말자. 그리스도인은 누군가의 용서를 받아내는 사람이 아니다. 하나님을 많이 알수록 용서하며 살아가는 존재가 그리스도인이다. 그러므로 용서하지 못하는 자신의 모습을 보며 아파하자. 상처에 대한 하나님의 질문에 답이 없다는 것은 내가 아직 하나님을 잘 모른다는 뜻이기 때문이다.

누구나 상처를 주고 상처를 받는다. 우리에게는 늘 용서하지 못한 일이 있고 용서받지 못한 일이 있다. 요셉은 우리에게 하나님은 과거의 악을 선으로 바꿀 수 있는 분이심을 역설한다. 상처를 다시 꺼내어 아파하거나 보복을 다짐한다면, 자신이 하나님이 되려는 것이다.

우리는 하나님을 향한 믿음을 실천할 용기가 필요하다. 그리고 요셉과 같이 행할 때, 우리는 헨리 나우웬이 말한 것처럼 '상처 입은 치유자'로 살 수 있다.

통곡의 나무 아래에서

창세기 35장

신령한 나무라 베겠다고 나서는 이가 없어, 왕복 4차선 도로 한복판에 흉물스럽게 선 나무를 본 적이 있다. 옛날이야기에도 나무를 배경으로 한 장면이 많다. 마을을 지키는 2가지가 있다고 하는데, 마을 어귀의 커다란 당산나무가 그러하고, 나그네라도 지나가면 동네가 떠나갈 듯 짖어대는 똥개들이 다른 하나라고 한다. 이스라엘의 역사에도 나무 이야기는 곧잘 등장한다. 나무가 귀한 지역이라 그런지 나무 아래에서 중요한 사건이 많이 벌어진다. 창세기 35장 또한 대표적인 사건이다.

벧엘에서 기다린 슬픔

가나안 땅에는 들어왔으나 하나님과 인격적으로 교제하지 않던 야곱은, 딸 디나가 강간을 당하는 사건과 아들들이 일으키는 세겜 대학살을 경험한다. 이때 하나님은 야곱에게 또 한 번 나타나셔서 벧엘로 올라갈 것을 말씀하신다. 야곱의 인생에서 벧엘은 매우 특별한 의미가 있다. '하나님과 살아 있는 교제를 맺는 곳'을 뜻하기 때문이다. 그제야 하나님의 마음을 알게 된 야곱은 모든 식솔에게 이방 우상들을 버리게 한 뒤, 벧엘로 올라가 단을 쌓고 하나님께 예배를 드린다. 우리는 야곱의 신앙 결단 속에서 그가 흘리는 삶의 눈물을 발견할 수 있다.

야곱이 벧엘로 올라온 것은, 세겜에서의 10년 세월을 포기했음을 의미한다. 그는 땅도, 많은 수익도, 안정된 삶도 포기하고 벧엘로 올라왔다. 하나님의 말씀 하나만 붙들고 순종하여 황량한 땅으로 많은 식솔과 짐승을 끌고 온 것이다. 그렇다면 벧엘에서 하나님이 더 큰 복을 준비하고 계셔야 하는 것 아닌가? 우리는 하나님을 위해 크게 헌신하고 결단하면 하나님께서 더 큰 복과 은혜를 주시고 없던 길도 열어주셔야 한다고 생각한다. 우리가 가진 신앙의 패러다임이 이와 같다.

그러나 창세기 35장은 우리가 가진 비뚤어진 신앙의 패러다임에 일침을 가한다. 모든 것을 포기하고 벧엘로 올라온 야곱에게 드보라가 죽는 사건이 기다리고 있었던 것이다.

"리브가의 유모 드보라가 죽으매 그를 벧엘 아래에 있는 상수리나무 밑에 장사하고 그 나무 이름을 알론바굿이라 불렀더라"(8절).

"알론"은 '상수리나무'를 뜻하고, "바굿"은 '통곡하다' '애통하다' '극도로 슬퍼하다'라는 뜻이다. "알론바굿"이라는 단어에서, 드보라를 잃은 야곱이 큰 슬픔에 잠겨 상수리나무 아래 앉아 하염없이 통곡한 사실을 알 수 있다. 야곱은 왜 여종의 죽음을 그토록 슬퍼한 것일까?

창세기 24장은, 야곱의 어머니 리브가가 아버지 이삭에게 시집올 때 유모로 따라온 여종, 드보라를 소개한다. 고대 근동에서는 딸을 시집보낼 때 딸의 유모를 딸려 보내는 것이 관습이었다. 드보라는 리브가가 혈혈단신으로 머나먼 이국땅으로 시집올 때 따라온 사람이다. 그리고 리브가가 힘들어하며 고향을 그리워할 때마다 친구가 되고 어머니가 되어주었다. 어머니 리브가가 가장 많이 의지했으며, 야곱에게는 할머니 같은 존재였다.

친할머니 사라는 야곱이 태어나기도 전에 죽었기 때문에 야곱은 친할머니의 얼굴을 모른다. 그리고 어머니 리브가는 살아생전 야곱을 유독 많이 사랑해주었다. 창세기 49장에 의하면, 야곱이 외삼촌 라반의 집에 거할 때 리브가가 죽는다. 20년의 타향살이를 마치고 가나안 땅으로 돌아온 야곱에게는, 드보라가 신분상으로는 종이었지만 마음 깊은 곳에서는 그리운 어머니를 대신하는 할머니로 자리하고 있었다. "얼마 있다 사람을 보낼게. 그때 돌아와" 하면서 외삼촌 라반의 집으로 자신을 보내던 어머니 리브가를 다시 만날 수 없게 된 야곱은, 드보라를 어머니처럼 여겼을 것이다. 그런데 드보라가 죽고 말았다.

이렇게도 매정하신가?

하나님 말씀만 붙들고 살겠다고 벧엘로 올라온 야곱에게 왜 이런 일이 생긴 것일까? 어쩌면 야곱은 하나님을 원망했을지도 모른다.

"하나님, 어머니를 그렇게 일찍 데려가시더니, 제게 어머니와 같던 사람도 데려가십니까? 제게 드보라가 어떤 사람인지 모르십니까? 얍복에서는 저를 쳐서 제대로 걷지도 못하게 만드시고, 딸은 강간당하고, 아들들은 사람들을 죽이고, 이제는 그렇게 의지하던 어머니 같은 사람마저 데려가십니까?"

상수리나무 아래 앉아 서럽고 원망스러운 마음에 하염없이 울었을 야곱을 떠올려본다. 우리 역시 인생에서 야곱과 같은 일을 맞을 때가 있다.

하나님의 말씀대로 살고자 어려운 결정을 했음에도 복은커녕 해를 당한다. 참으로 중요한 깨달음을 얻어 신앙의 결단을 하고 견뎌왔는데, 더 큰 시련으로 돌아올 때, 그저 서러워 울 수밖에 없지 않겠는가. 그런데 앞으로도 그런 날이 우리를 기다릴 것이다.

하나님은 도대체 왜 우리 인생에 이런 일들을 행하실까? 말씀대로 살아갈 것을 우리에게 원하시는 하나님께서, 우리가 말씀대로 한번 살아보겠다고 결단하고 나면, 왜 더 큰 좌절과 고통을 경험하게 하시는 걸까? 드보라가 죽고 야곱에게 생긴 일을 보자.

"야곱이 밧단아람에서 돌아오매 하나님이 다시 야곱에게 나타나사 그에게 복을 주시고"(9절).

야곱이 이제 막 밧단아람에서 돌아왔다는 말인가? 밧단아람에서 돌아와 숙곳에 있다가 세겜에 있던 가운데 벧엘로 올라왔으니, 밧단아람에서 돌아온 지 10년이 지났을 때이다. 그런데 하나님은 왜 이렇게 말씀하실까? 성경은, 야곱이 벧엘로 올라오고 나서야 밧단아람에서 돌아온 것으로 간주하고 있다. 교회에 10년, 20년을 다닌다 해도 하나님과 살아 있는 교제를 하지 않으면 우리 역시 밧단아람에 머문 신앙이다. 엄밀히 말해 밧단아람은 야곱에게 불신앙의 장소가 아니다. 주님을 믿기는 하지만 혼합적이고 기복적이며 형식적인 신앙의 자리였다.

하나님의 본심: 3가지 복

야곱이 가나안으로 돌아왔다고 하면서, 하나님이 야곱에게 처음으로 선포하신 것은 무엇일까? '복'이다. 그 고생을 시키신 뒤에 복을 주기 위해서였다고 말씀하시니, 실로 어처구니없을 정도이다.

그러나 하나님은 분명 우리에게 복을 주려 하신다. 말씀대로 살려고 하는 우리가 왜 이렇게 어려움을 겪어야 할까? 하나님은 우리에게 복을 주시기 위해 고생을 시키고 좌절케 하며 상실감을 느끼게 하신다. 왜냐하면 우리가 생각하는 복과 하나님이 주실 복이 너무나도 다르기 때문이다. 하나님은 더 좋은 것을 예비해두셨는데, 우리는 자기 기준으로 좋은 것만 바라보고 있다. 하나님은 복을 가리키시는데, 내 눈은 고난만 보고 있다. 그런데 하나님은 고난이라는 작업을 통해 우리의 시선을 바꾸고자 하신다.

하나님이 야곱에게 주시려는 복은 크게 3가지이다. 이 복은 오늘날 우리에게 주시려는 것이기도 하다.

첫째, 야곱이 아니라 '이스라엘'이 되는 복이다(10절). 창세기 32장에서 하나님은 야곱에게 '이스라엘'이라는 이름을 주셨다. 그러나 야곱이 하나님과 살아 있는 교제를 하지 않는 이상, 그는 여전히 야곱이었다. 하나님은 이제 그러한 야곱이 이스라엘이 된다고 선포하신다. 하나님이 고통 속에서 힘들어하는 우리에게 주시는 첫 번째 복은, 하나님과 맺는 살아 있는 교제이다.

둘째, 민족들과 왕들이 야곱에게서 날 것이라는 복이다(11절). 여기서 '생육하다'라는 말은 '열매를 맺다'라는 뜻이다. 야곱은 그의 아들 요셉을 '열매 맺는 자의 아들'이라 부른다. 야곱은 힘의 근원인 허리를 지탱해주는 허벅지 관절이 하나님에 의해 골절된 사람이다. 그런데 하나님은 왕들이 야곱의 허리에서 나올 것이라 말씀하신다. 아무 힘도 없는 허리에서 힘의 상징인 왕들이 나올 것이라는 이 말씀은, 여호와 하나님이 힘이 되어주시겠다는 의미이다. 고통을 통해 우리가 확인할 수 있는 복은, 이제부터는 하나님께서 힘이 되어주신다는 것이다.

셋째, 아브라함과 이삭에게 약속하신 땅을 야곱과 그 후손에게 주시겠다는 복이다(12절). 창세기의 일차 청중은 모세의 설교를 듣는 야곱의 자손 200만 명이다. 출애굽을 한 백성들에게 이 설교는 어떻게 다가왔을까? 그들은 자신들이 가야 할 곳이 가나안임을 확신했다. 그러한 믿음으로 40년의 광야 생활에 나섰을 것이다. 세 번째 복은, 죽으면 잊힐 보잘것없는 나의 인생을 역사적 인생의 기준으로 후손들에게 삼아주시겠다는 것이다. 고통을 통해 내게 주시려는 하나님의 복은, 나의 죽음 이후로도 이어지는 참으로 대단한 복인 것이다.

왜 나의 삶에는 이렇게 어려움이 많을까? 도대체 왜 하나님이 이렇게 하시는 걸까? 고난을 통해 내가 추구해야 할 복이 무엇인지 깨닫게 하시기 위함이다. 고난은 하나님이 주시고 싶은 복의 가치를 보게 하는 도구이다.

알론바굿이 벧엘이 되기까지

야곱은 벧엘에 와서 예상치 못한 슬픔을 겪지만, 하나님이 선포하신 복 앞에서 그분의 마음을 깨닫는다. 그래서 하나님이 말씀하시는 곳에 전제물을 붓고 그곳 이름을 '벧엘'이라 부른다(14-15절). 야곱이 하나님의 마음을 깨달은 이후에 나타낸 첫 번째 반응은, 자신을 구별하는 헌신이었다. 이는 사도 바울이 자신의 죽음이 임박했음을 알고 자신이 전제물로 부어졌다는 편지를 쓴 것과 동일한 헌신이다.

야곱의 행동은, 나를 향하신 하나님의 복을 깨달으면 하나님 앞에 자신을 구별하여 살게 된다는 교훈을 준다. 바울 또한 갈라디아서에서 이같이 말하고 있다.

"내가 그리스도와 함께 십자가에 못 박혔나니 그런즉 이제는 내가 사는 것이 아니요 오직 내 안에 그리스도께서 사시는 것이라 이제 내가 육체 가운데 사는 것은 나를 사랑하사 나를 위하여 자기 자신을 버리신 하나님의 아들을 믿는 믿음 안에서 사는 것이라"(2:20).

고통으로 죽고 싶을 때, 우리가 되뇌어야 할 고백이다. 하나님이 주실 복을 아는 사람은 고난 가운데에도 헌신의 삶을 택한다.

지금 야곱은 어디에 있는가? 인생 전반을 놓고 통곡하던 알론바굿, 통곡의 나무 아래에 있다. 그러나 야곱이 하나님의 말씀 앞에 서자, 통곡이 충만한 기쁨으로 바뀐다.

창세기 35장은 결코 비극이 아니다. 인생은 고달픈 것임을 말해주는 이야기도 아니다. 하나님의 말씀을 좇으려는 야곱이 벧엘에 처음 올라왔을 때는 슬픔과 통곡밖에 경험하지 못했으나, 하나님은 야곱에게 다시 한 번 찾아오셔서 진정한 복을 선포하신다. 그리고 하나님의 마음을 깨달은 야곱이 '이스라엘'이 되어 자신을 온전히 구별하여 헌신했을 때, 넘치는 기쁨을 경험한다. 따라서 통곡의 이야기가 아닌 기쁨의 이야기이다.

통곡의 알론바굿이라 해도 하나님과 맺는 교제가 살아 있고 말씀을 만나는 역사가 시작되면, 자신의 삶에 대한 가치와 함께 하나님의 복도 깨닫게 된다. 여호와가 힘이 되어주시는 것이다. 하나님께서 믿음의 인생을 살도록 함께해주신다. 주님을 위해 구별되게 살고자 헌신하는 것, 이것이 바로 알론바굿을 벧엘로 바꾸시는 하나님의 능력이다.

죽을 것 같은 문제를 앞두고

창세기 32장

어린아이들이 싸울 때 승패의 분수령이 되는 순간이 있다. 코피가 난 사람이 진다. 화려한 기술을 선보이며 그때껏 아무리 많이 때렸다 해도 코피를 터뜨리지 못하면 지는 것이다. 판정승은 없다. 아이들의 판정은 증거 우선주의이다. 그런데 곰곰 생각해보면 우리의 신앙생활도 이와 비슷하다. 하나님에 대해 많이 알고 깊이 깨달아도 우리의 삶에 나타나는 실천이 없으면 그 신앙은 유효하지 않다.

창세기 32장에는 이러한 신앙의 일면을 보여주는 장면이 등장한다. 야곱은 라반 밑에서 20년을 지낸 후, 그와 협약하여 완전한 분리를 선언한다. 그리고 이제 자신의 생애에서 하나의 위기가 될, 형 에서를 대면해야 하는 상황을 맞닥뜨린다. 야곱은 에서가 400명의 군사를 거느리고 온다는 소식을 듣고 예물을 여러 떼로 나누어 앞서 보낸다. 그러나 두렵고 답답한 마음에서 밤중에 일어난 그는, 식솔들에게 먼저 얍복 강을 건너게 한 뒤 홀로 남는다.

다음 날이면 타오르는 분노 아래 400명의 군사와 함께 나타날 에서를 만날 것이다. 그런데 밤에 누군지도 모르는 '어떤 사람'과 씨름을 하는, 생뚱맞은 일이 벌어졌다. 어떤 학자들은 씨름을 그저 '간절한 기도'로 해석하지만, 허벅지 관절이 위골되고, 야곱이 천사와 힘을 겨루어 이겼다는 호세아 12장 3, 4절과 같은 말씀을 보면, 진짜 씨름을 한 것으로 보인다.

여기서 '씨름'은 '서로 붙잡고 격렬하게 싸우는 모습'을 묘사한다. 단순한 기도나 힘겨루기가 아니라 처절하게 울부짖는 모습을 가리키는 것이다.

"자기가 야곱을 이기지 못함을 보고 그가 야곱의 허벅지 관절을 치매 야곱의 허벅지 관절이 그 사람과 씨름할 때에 어긋났더라"(25절).

야곱이 사생결단으로 덤비자 같이 싸우던 이가 야곱의 허벅지 관절을 쳤고, 이에 뼈가 부러졌다. '쳤다'는 말은 '때렸다'가 아닌 '그냥 만졌다' 정도의 뜻이다. 만지기만 했는데, 사람의 뼈가 부러졌다. 하나님의 능력에 비해 인간이 얼마나 무력한지를 보여주는 말이다.

인생에 찾아온 '어떤 사람'

가장으로서 그토록 간절하게 목숨을 걸고 자신과 처자식을 지키려는 야곱을 하나님은 왜 학대하시는 것일까? 인자하신 하나님께서 그 밤에는 왜 그리도 난폭하셨을까?

하나님께서 야곱을 사랑하셨기 때문이다. 야곱은 자신의 지혜와 능력만 믿고 살아온 사람이다. 태어날 때부터 형의 발뒤꿈치를 잡고, '속이는 자'라는 별명답게 형의 장자권을 빼앗는 것을 비롯하여 아버지를 속임으로 축복을 가로채며, 자신의 실력으로 살아온 사람이다. 그런데 하나님은 이러한 야곱을 일깨워주고자 하신다.

반면에 하나님은 처음부터 작은 자에게 복을 주겠다고 약속하셨다. 야곱의 인생은 한마디로 '씨름'이라 정의할 수 있다. 자꾸만 자신의 실력을 앞세워 바동거리는 야곱과 어떻게든 말씀으로 살게 하시려는 하나님 사이에서 이루어지는 씨름이 야곱의 인생이다. 우리의 인생이 바로 이렇지 않을까? 나의 지혜와 하나님의 말씀 사이에서 무엇을 의지할 것인가를 놓고 벌이는 기나긴 씨름이 바로 우리의 인생이다.

야곱은 형 에서와 만남을 앞두고 있는 급박한 위기 순간에도 처자식을 먼저 보내면서 자신의 지혜로 해결하고자 한다. 그때 '어떤 사람'의 모습으로 야곱을 찾아온 분이 하나님이시다. 그리고 야곱의 능력과 하나님의 말씀이 충돌한 얍복 강가의 씨름에서, 하나님은 야곱의 허벅지 관절을 침으로 승부를 내신다. 허벅지 관절은 힘을 상징한다. 하나님이 야곱에게 "네가 이겼다!"라고 말씀하시지만, 실은 하나님이 이기신 씨름이며 우리 인생에서 하나님은 씨름해야 할 대상이 아니라 철저히 의지해야 할 분이 되심을 보여주신다.

살아가는 동안 하나님을 온전히 의지해야 하는 때가 반드시 찾아온다. 그리고 내 힘으로 안 되는 사면초가의 순간이 우리 인생의 얍복 강가이다. 여지없이 나의 능력과 지혜를 의지하려 할 때, 나에게도 '어떤 사람'이 필요하다. 나에게 '어떤 사람'은 누구인가? 나의 연약함을 알고 하나님만 의지하게 해준 사람이 있었는가? 그는 부모일 수도 있고, 나에게 상처를 준 원수 같은 존재일 수도 있고, 가장 가까이 있는 친구일 수도 있다. 그 만남으로 인해 힘든 시간을 보내며, 남몰래 많이 울거나 실패의 감정을 뼈저리게 느꼈을지도 모른다. 그래서 나에게 아픈 상처로 남았을 수도 있다. 하지만 그것은 '어떤 사람'으로 찾아오시는 하나님과의 만남이었다.

하나님의 주권을 깨닫는 자리

그날 밤 하나님이 야곱을 어떻게 다루시는지 보자.

"그 사람이 그에게 이르되 네 이름이 무엇이냐 그가 이르되 야곱이니이다"(27절).

이 같은 질문을 하실 때는 그만한 이유가 있다. '발뒤꿈치를 잡은 자' '속이는 자'로 살아온 야곱의 정체성을 스스로 고백하도록 유도하시는 것이다. 이는 새롭게 부여될 이름의 가치와 의미를 더욱 부각시키기 위함이다.

하나님의 종들은 모두 철저한 자기 절망의 자리에서 하나님을 의지하는 자리로 나아갔다. 하나님은 아브라함이 100세가 되는 절망의 순간에 이삭을 주셨다. 인생의 낙오자요 패배자이며 살인자로서 결국 실패자로 전락해버린 모세를 하나님은 민족의 지도자로 삼으셨다. 다윗도 마찬가지다. 용서받을 수 없는 간음죄와 살인죄를 저지른 그를 자기 절망의 자리에서 불러내어 민족의 지도자로, 이스라엘의 별로 세우셨다. 불순종한 요나를 물고기 배 속에서 뼛속 깊이 자기 절망을 하게 한 후, 니느웨 백성들을 위해 일하게 하셨다.

"깊음이 나를 에워싸고 바다풀이 내 머리를 감쌌나이다 내가 산의 뿌리까지 내려갔사오며 땅이 그 빗장으로 나를 오래도록 막았사오나"(욘 2:5-6).

우리 역시 마찬가지다. 가슴 아픈 사건으로 인해 비로소 자기 절망을 경험한다. 그리고 하나님은 우리가 절망을 통해 더욱 영광스러운 소망의 자리로 나아가기를 바라신다.

야곱이 자기 절망의 자리에 이르렀을 때, 하나님은 '이스라엘'이라는 위대한 이름을 주신다. 이름을 부여한 자에게 통치권과 소유권이 주어지므로, 이는 야곱에 대한 소유권이 하나님께로 이전되었다는 말이다.

"그러나 너희는 택하신 족속이요 왕 같은 제사장들이요 거룩한 나라요 그의 소유가 된 백성이니 이는 너희를 어두운 데서 불러내어 그의 기이한 빛에 들어가게 하신 이의 아름다운 덕을 선포하게 하려 하심이라"(벧전 2:9).

우리를 향한 통치권과 소유권은 이처럼 온전히 하나님께 있다.

누가 이긴 씨름인가?

'이스라엘'은 '하나님과 및 사람들과 겨루어 이겼다'(28절)라는 뜻이다. 우리는 야곱이 하나님과 씨름하여 이겼으므로 이스라엘이라는 이름을 얻었다고 여긴다. 그러나 이는 오해이다.

신학자 케일은 "하나님과 및 사람들과 겨루어 이겼다"라는 말은 하나님께 맞서(against) 싸운 것이 아니라 하나님과 더불어(with) 싸운 것으로 봐야 한다고 말한다. 하나님과 겨루어 이길 자는 없다. 게다가 "겨루어 이겼다"는 말은 원래 '능력을 나타내다'라는 의미이다. 헬라어 역본인 70인 역에서는 2인칭 단수 미래형으로 쓰인다. 따라서 야곱이 얍복 강가에서 씨름하여 이긴 결과로 이스라엘이란 이름을 받은 것이 아니고, 그가 미래에 이길 것이라는 의미이다. 즉, '그가 싸울 때에 하나님이 함께하심으로 하나님의 도움을 받을 것이며 그 결과 사람들에게 능력을 나타낼 것'이라는 뜻이다. 핵심은 이기는 것이 아닌 '하나님과 함께하는 것'에 있다.

우리 역시 야곱과 마찬가지로 하나님이 내 속의 불순물을 제거하시고 이기시는 인생이 되어야 한다. 나의 능력으로 싸워 승리하는 인생이 아니라 하나님이 함께하심으로 그분과 더불어 싸워 이기는 인생이 되어야 한다. 하나님과 함께함으로써 이기는 인생을 사는 것, 이것이 우리를 향한 '대위임령'이며 '지상명령(The Great Commission)'이다.

"그러므로 너희는 가서 모든 민족을 제자로 삼아 아버지와 아들과 성령의 이름으로 세례를 베풀고 내가 너희에게 분부한 모든 것을 가르쳐 지키게 하라 볼지어다 내가 세상 끝날까지 너희와 항상 함께 있으리라 하시니라"(마 28:19-20).

우리에게 주어진 지상명령은 '가서 제자 삼는 일'이다. 나는 지상명령의 핵심 가치가 '가서' 제자 삼는 사역이 아니라 '예수님과 함께함'으로써 제자 삼는 사역이라고 믿는다. 가서 제자 삼는 사역 역시 주께서 함께하셔야 가능한 일 아닌가.

제자는 되지 않으려고 하면서 스스로 그리스도인이라고 말하는 사람들도 있다. 하지만 지상명령의 의미를 살펴보더라도, 제자가 아닌 그리스도인은 있을 수 없다. 달라스 윌라드는 《잊혀진 제자도》(*The Great Omission*, 복 있는 사람)에서 제자가 아니면서도 그리스도인일 수 있다는 사고를 일컬어, 'The Great Commission(대위임령)'이 아니라 'The Great Omission(위대한 생략)'이라고 지적했다. 그리고 이것은 교회 안에 들어온, 가장 심각한 이단적 요소라고 일침을 가했다. 지상명령은 하나님이 함께하실 때 완수할 수 있다는 사실을 망각하는 것이야말로 '위대한 생략'이다. 내 힘과 지혜로 무언가를 이루려는 것은 대단한 생략인 셈이다. 하나님이 함께하셔야 승리할 수 있다는 사실은, 우리 인생의 얍복 강가에서 확인해야 할 귀한 진리이다.

하나님을 만난 증거

야곱은 '어떤 사람'의 이름을 끝내 알지 못한다. 하지만 야곱은 그분이 하나님이심을 분명히 고백한다.

"그러므로 야곱이 그곳 이름을 브니엘이라 하였으니 그가 이르기를 내가 하나님과 대면하여 보았으나 내 생명이 보전되었다 함이더라"(30절).

하나님을 본 사람은 모두 죽었는데, 야곱은 살았다. 야곱이 이같이 고백할 때, 아침 해가 돋았고, 허벅지 관절이 상한 야곱은 두 다리를 절었다.

얍복 강가의 체험 이후, 야곱은 무엇이 달라졌을까? 먼저, "그 자리에서 내가 그 사건을 통해 하나님을 보았다"는 분명한 신앙고백이 생겼다. 그리고 하나님을 만난 증거로 평생을 절뚝거리며 살았다. 야곱이 하나님을 직접 만나는 신앙적 체험을 했지만 절뚝발이가 되어 이전보다 더 못한 처지가 된 것처럼도 보인다. 도망도 가기 어렵게 되었으니, 에서를 만날 생각에 걱정이 태산이었을 수도 있다. 하지만 성경은 전혀 다른 이야기를 들려준다.

에서와의 만남은 야곱이 하나님을 대면한 뒤 겪는 첫 사건이다. 이때 하나님을 만난 그의 신앙적 체험이 매우 실제적으로 적용된다. 에서를 만난 야곱은 이같이 고백한다.

"내가 형님의 얼굴을 뵈온즉 하나님의 얼굴을 본 것 같사오며 형님도 나를 기뻐하심이니이다"(창 33:10).

야곱은 에서의 얼굴에서 하나님의 얼굴을 본다. 그리고 에서는 절뚝거리는 야곱을 보며 불쌍히 여긴다. 형제지간의 분과 노가 사랑으로 녹아내린다. 놀라운 반전이다. 야곱의 시나리오에 결코 없던 상황이 전개되는 것이다.

야곱을 향한 하나님의 약속은 그가 태어나기 전부터 있었다. 하지만 야곱은 그 약속을 의지하지 않고 자신의 지혜와 능력으로 살았다. 그리고 에서와의 재회를 앞둔 그는 피를 토하는 간구와 절규를 통해 무릎을 꿇는다.

'나 자신의 지혜와 능력으로 사는 것이 아니라 하나님의 말씀으로 사는 것이구나!'

이제 야곱은 하나님만 의지하며 살 것이다. 진퇴양난의 순간을 맞아 야곱은 하나님과 함께할 때만 승리할 수 있다는, 인생의 비밀을 깨닫는다.

당장 죽을 것 같은 일이 나의 삶 가운데 펼쳐졌다면 나의 능력과 지혜를 내려놓고 하나님의 말씀에 의지해야 한다. 그리스도인은 오직 하나님과 함께할 때만 승리하는 인생을 맞을 수 있다. 얍복 강가에서 하나님이 보내신 '어떤 사람'과 만나고 있다면, 나의 지혜와 능력을 의지하던 옛 습관에서 벗어나 하나님과 함께하는, 진정한 이스라엘로 거듭나도록 하자.

내가 불러야 할 인생의 노래

창세기
31장

아버지의 역할은 결코 쉽지 않다. 특히나 우리나라 아버지들은 자식들에 대한 속 깊은 정을 잘 표현하지 못한다. 대중가요에도 아버지보다는 어머니에 대한 노래가 압도적으로 많다. 1997년 IMF 경제 위기를 맞아 대한민국의 모든 아버지들이 의기소침해 있을 때, 30년 만에 다시 뜬 노래가 있었다. 오기택 씨의 〈아빠의 청춘〉이다.

"이 세상의 부모 마음 다 같은 마음 / 아들딸이 잘되라고 행복하라고 / 마음으로 빌어주는 박 영감인데 / 노랭이라 비웃으며 욕하지 마라 // 나에게도 아직까지 청춘은 있다."

경제적으로 어려운 시기에 한 가정을 이끌어가는 가장들, 아버지들의 파이팅을 기원하는 노래에 "청춘"이라는 단어가 등장한다. 아이러니하다. '가장'이나 '아버지'라는 이름에는 존경과 사랑이라는 표현이 더 어울릴 것 같지 않은가? 왜 그들에게 청춘이라는 표현을 들어 파이팅을 외칠까? 마음 한편으로 아버지들의 설움이 느껴지는 대목이다.

청춘은 활력 있고 생기가 넘친다. 하지만 요즘은 청춘이라고 꼭 '파이팅' 하는 것 같지는 않다. 88만 원 세대, 루저 문화의 희생양, 포스트모더니즘 사고에 물든 막무가내 세대가 지금의 청춘이 아니던가. 많은 청년들이 '문제는 문제이고 신앙은 신앙'이라 생각하는 고질적인 병폐에 빠져 있다. 그러나 문제는 신앙의 눈으로 바라볼 때 이겨낼 수 있다.

내 안의 드라빔을 점검하라

창세기 31장은, 외삼촌에게 착취당하던 한 가장이 가족을 데리고 독립하려는 중에 도망자로 내몰리는, 고달픈 인생 이야기라고 볼 수 있다. 야곱이 라반의 집에서 양을 치며 지낸 지 20년이 흘렀다. 언제부터인가 라반의 아들들 사이에서는 야곱이 라반의 소유를 다 빼앗아 거부가 되었다는 소문이 나돌기 시작했다. 그리고 라반의 안색도 전과 같지 않다. 어느 날 야곱의 꿈에 하나님의 사자가 나타난다.

"이제 네가 태어난 땅 밧단아람으로 돌아가라. 내가 너와 함께하리라."

이에 야곱은 가족들과 함께 라반을 떠나기로 결정한다. 야곱은 라반이 양털을 깎느라 분주한 틈을 타 양 떼와 노비, 가족 들을 이끌고 고향 땅으로 출발한다. 이때 라헬이 아버지가 섬기는 우상인 드라빔을 훔쳐 야곱 몰래 가지고 오는 일이 벌어진다.

야곱과 그 식솔들이 떠난 사흘 뒤, 모든 사실을 알게 된 라반이 형제를 데리고 추격해온다. 7일 만에 야곱 일행을 따라잡은 라반은, 왜 도망치듯 말도 없이 떠났으며, 드라빔은 왜 훔쳐갔느냐면서 야곱을 책망한다. 그러나 라헬이 달거리를 한다며 드라빔을 약대 안장 밑에 깔고 앉은 까닭에 라반은 이를 찾지 못하고 떠난다.

라헬은 드라빔을 왜 훔쳤을까? 왜 그렇게 집착했을까? 라헬이 우상 숭배자이기 때문일까? 아니면 그저 금덩이가 탐나서일까? 드라빔은 가정의 수호신(household gods)으로 점을 칠 때 사용되었다. 1926년에 발견한, 고대 근동의 '상속(相續)과 양자(養子) 제도'에 관한 규정이 기록되어 있는 '누지(Nuzi) 서판'을 보면, 드라빔에 대한 정보가 나온다. 이에 준하여 라헬이 드라빔을 훔친 두 가지 이유를 생각할 수 있다.

드라빔을 소유하면, 첫째, 가장 많은 몫의 유산을 상속받을 수 있으며, 둘째, 한 씨족 내의 지도권을 쥘 수 있다. 하지만 라헬이 드라빔에 집착한 보다 근본적인 이유는 자신의 상처 때문이다. 한 여인으로서 자식을 낳고 싶은 마음이 강렬했던 라헬은 어렵사리 요셉을 낳기는 했으나 다산을 한 언니 레아에 비하면 초라하기 그지없었다. 그래서 유산과 지도권을 거머쥘 수 있는 드라빔에 욕심을 냈다.

그런데 라헬의 이 마음은 우리에게 낯설지 않다. 우리는 우상을 섬기지는 않으나 라헬처럼 너무나 자주 드라빔을 챙긴다. 하나님이 나를 인도해주신 만큼 나의 인생을 계속 책임져주실 것임에도 현재 상태에서 믿음이 흔들린다. 그리고 드라빔에 집착하는 라헬의 마음이 생기는 것이다. 드라빔은 하나님의 역사하심과 인도하심을 믿는 우리가 불안한 마음을 이기지 못하여 들어두는 보험과도 같다. 다른 것을 의지하려는 마음, 하나님은 우리가 드라빔을 챙기고 있지 않은지 점검해보기를 원하신다. 하나님 외에 다른 것을 의지하면 쫓기는 인생을 살 수밖에 없다. 분주함과 피곤함, 죄책감에 쫓긴다. 그리고 이면에는 하나님을 신뢰하지 못하는 불신앙이 있다.

한이 되어버린 야곱의 상처

야곱은, 고대 근동의 어떤 목자보다도 성실하게 주인의 양 떼를 돌보았다. 반면에 라반은, 라헬을 향한 야곱의 순수한 사랑을 14년이나 이용해먹었다. 그 후로도 6년간 10번이나 품삯을 번복했을 뿐 아니라, 고향으로 돌아가는 야곱 앞에 나타나 칼을 들고 윽박지른다. 라반은, 삼촌 되는 자신을 속이고 딸들을 칼에 사로잡힌 자같이 끌고 갔다고 야곱을 책망하면서 "너를 해할 만한 능력이 내 손에 있다"고 협박한다.

어처구니없는 라반의 행동에 야곱은 얼마나 분했을까? 하지만 아무 말도 못하다가, 라반이 드라빔을 찾지 못하자 그제야 감정을 터뜨린다.

"내가 이 이십 년을 … 외삼촌의 양 떼의 숫양을 내가 먹지 아니하였으며”(38절).

“물려 찢긴 것은 내가 외삼촌에게로 가져가지 아니하고 낮에 도둑을 맞았든지 밤에 도둑을 맞았든지 외삼촌이 그것을 내 손에서 찾았으므로 내가 스스로 그것을 보충하였으며”(39절).

“내가 이와 같이 낮에는 더위와 밤에는 추위를 무릅쓰고 눈 붙일 겨를도 없이 지냈나이다”(40절).

야곱은 온갖 불합리한 조건에서도 대충 넘어가지 않고 밤낮으로 성실하게 소임을 다했다. 원수 같은 주인의 양 떼도 성심으로 지키고 사랑했다. 야곱은 “내가 외삼촌의 집에 있는 이 이십 년 동안 … 외삼촌께서 내 품삯을 열 번이나 바꾸셨으며”(41절)라고 말한다. 라반은 처음에 야곱에게 점 있는 것, 아롱진 것, 얼룩무늬가 있는 새끼는 가져도 된다고 일렀다. 그런데 계속 그런 새끼들이 나오자, 점 있는 것만 갖도록 말을 바꾼다. 그리고 점 있는 것만 계속 나오자, 얼룩무늬 있는 것만 가져가라는 식으로 10번이나 말을 번복한다. 야곱의 고백은 그의 한 많은 과거를 짐작하게 한다.

우리 역시 야곱과 같은 아픔과 설움이 있다. 이 세상에는 여전히 부조리와 불합리가 득세하기 때문이다. 억울하고 답답한 이 마음을 우리는 어떻게 풀어야 할까? 야곱의 고백은 이에 대한 실마리를 준다.

“우리 아버지의 하나님, 아브라함의 하나님 곧 이삭이 경외하는 이가 나와 함께 계시지 아니하셨더라면 외삼촌께서 이제 나를 빈손으로 돌려보내셨으리이다마는 하나님이 내 고난과 내 손의 수고를 보시고 어제 밤에 외삼촌을 책망하셨나이다”(42절).

진정한 회복과 치유는 ‘나의 의’에서 비롯되지 않는다. 야곱은 자신의 정당함이나 의로움이 아닌 오직 하나님을 통해 상처와 문제를 해결하고 있다.

인생은 언약을 따라 흐른다

진정한 회복은 "하나님이 내 고난과 내 손의 수고를 보심"에서 시작된다.

"밤에 하나님이 아람 사람 라반에게 현몽하여 이르시되 너는 삼가 야곱에게 선악 간에 말하지 말라 하셨더라"(24절).

하나님이 야곱의 고난과 그 손의 수고를 감찰하시는 방법은 무엇인가? 야곱이 직면한 문제인 '라반'의 꿈에 나타나시는 것이다. 직역하면, "하나님이 꿈에 라반에게 가셨다"는 것이다.

우리 삶에서 진정한 회복과 치유는 언제 이루어지는가? 하나님이 문제 가운데로 들어오셔서 역사하실 때이다. 야곱의 문제는 라반이었다. 20년 동안 착취당하고도 말 한마디 못하고 살았는데, 그날 밤 하나님이 라반에게 직접 가심으로 야곱의 문제가 해결되고 있다.

하나님이 나의 문제 속으로 들어와주실 때, 문제가 해결된다. 관계 문제, 진로 문제, 아픈 상처의 문제 속으로 하나님이 직접 들어오셔야 한다. 문제의 핵심을 향해 "선악 간에 말하지 말라"고 선포하셔야 한다. 이것이 우리 인생의 고달픈 문제를 해결하는, 가장 유일하고 완벽한 열쇠이다.

야곱은 여전히 간교하고 탐욕스러우며 피상적인 신앙에 머물러 있다. 그럼에도 야곱의 인생은 하나님의 언약을 따라 흐른다. 우리는 인생의 주인이 하나님이심을 기억하고, 모든 상황을 하나님이 인도하신다는 사실을 믿어야 한다.

"우리 아버지의 하나님, 아브라함의 하나님 곧 이삭이 경외하는 이가 나와 함께 계시지 아니하셨더라면 … 하나님이 내 고난과 내 손의 수고를 보시고."

야곱의 고백이 나의 고백이 되어야 한다. 고달픈 인생 가운데 우리가 불러야 할 노래는 바로 믿음의 고백이다.

하나님께 모든 것을 맡기고 나아가자. 파란만장한 인생 가운데 하나님이 늘 나와 함께하시고 나의 고난과 수고를 보고 계신다는 사실을 기억하자. 그리하면 미쁘신 하나님이 그분의 때에 내 문제 속으로 들어오셔서 모든 것을 해결해주시는, 놀라운 일을 경험하게 될 것이다.

두려움 네 번째 이야기

유혹

"유혹에
속수무책이에요…."

유혹, 그 달콤한 매력

창세기
3장

청년의 때에 힘든 일 가운데 하나는, '유혹'이라는 이름으로 다가오는, 거부할 수 없는 달콤함 아닐까 싶다. 병이 나면 정확한 진단이 필요하다. 진단 없이 치료할 수 없기 때문이다. 특히 유혹의 문제는 정확히 진단해야 해결할 수 있다. 그러한 면에서 창세기 3장은 인류에게 처음으로 닥친 죄의 유혹에 대한 기록이라 할 수 있다.

세상에서 가장 달콤한 유혹

"그런데 뱀은 여호와 하나님이 지으신 들짐승 중에 가장 간교하니라 뱀이 여자에게 물어 이르되 하나님이 참으로 너희에게 동산 모든 나무의 열매를 먹지 말라 하시더냐"(1절).

원래 '간교하다'는 말은 '간사하고 교활하다'라는 뜻이다. 하지만 원어로는 '영리하고 신중하다'라는 뜻이다. 하나님이 창조하신 것 가운데 나쁜 것은 있을 수 없다. 여기서 뱀은 그냥 뱀이었을 것이다. 뱀이 말을 한 것은 마귀가 들어갔기 때문이다. 말하는 뱀이 아니라 하와를 유혹하는 도구였던 것이다.

하나님이 만드신 아름다운 짐승 하나를 통해 인류의 첫 번째 유혹이 시작되었다. 뱀의 혀에서 나온 달콤한 말은 물리치기가 어렵다. 그러나 유혹 뒤에는 죄가 숨어 있다. 뱀이 하와에게 말한다.

"하나님[엘로힘]이 참으로 너희에게 동산 모든 나무의 열매를 먹지 말라 하시더냐."

뱀은 지금 하나님을 '여호와'가 아니라 '엘로힘'으로 표현한다. '여호와'는 하나님의 언약을 강조하는 이름이지만 '엘로힘'은 하나님의 전능하심과 절대적 권력을 상징하는 성호(聖號)이다. 마귀는 하나님의 절대적 권력에 불만을 품으면서 "그가 권력을 행사하려고 그런 식으로 떠벌리더냐?"라고 비아냥대고 있다.

원래 마귀는 사람이 창조되기 전부터 존재했으며, 이미 멸망당하기로 결정되어 있었다.

하나님의 형상을 닮은, 그분이 가장 아끼는 인간들을 넘어뜨리고 싶어 하는 마귀는, 달콤한 목소리와 보암직한 모습으로, 심지어 하나님의 말씀으로 우리에게 접근한다. 아름다운 옷을 입고 의심할 수 없는 모습으로 찾아와서 우리를 벼랑 끝 죽음의 자리로 몰아넣는다. 사탄은 이성 친구의 사랑스러운 말을 통해, 배움의 열정으로, 물질의 달콤함으로 찾아온다. 유혹은 내가 가장 편하게 생각하는 침실 창문에 걸려 있다. 내가 전혀 의심하지 않는 대상을 통해 상상하지 못한 방법으로 찾아오는 것이다.

말씀으로 찾아온 치명적 유혹

하나님의 말씀으로 찾아오는 유혹은 더욱 치명적이다. 하나님의 말씀을 정확하게 알지 못하면 사탄은 우리를 전혀 겁내지 않는다. 사탄은 결정적인 순간을 노리다가, 우리가 가장 강력한 무기로 삼고 있는 말씀을 빼앗아 공격한다. 배후에는 죽음의 절망으로 치닫게 하는 무서운 죄가 숨어 있다.

유혹에 발을 들이면 우리의 경건이 무너지고 그 후로는 건잡을 수 없는 일이 벌어진다. 유혹의 증상을 살펴보자.

"여자가 그 열매를 따 먹고 [그리고] 자기와 함께 있는 남편에게도 주매 [그리고] 그도 먹은지라"(6절).

히브리어로 이 구절을 살펴보면 '와우 반복 용법'을 사용하는데, '와우'란 '그리고'로 번역될 수 있는 말이다. '와우'가 반복해서 사용되었다는 것은, 그다음 일들이 일사천리로 진행되었음을 의미한다.

유혹이 목표하는 바는 하나님의 백성을 넘어뜨리는 것이다. 사탄은 우리가 하나님께 불만을 가지고 있을 때 공격한다. 이때 사탄은 절대 포기하지 않고 말씀으로부터 우리를 떨어뜨려놓는다. 말씀을 왜곡시켜 온전한 말씀에서 멀어지게 한다. 이것이 미혹(迷惑)이다.

사탄은 뱀을 이용하여 "정말 하나님이 그러셨어?"라고 묻는다. 2, 3절을 보면 하와 역시 하나님의 말씀을 왜곡하기에 이른다. 하나님은 "네가 먹는 날에는 반드시 죽으리라"(2:17)고 말씀하셨지만, 하와는 "죽을까 하노라"라고 달리 전하면서 하나님의 말씀을 허물어뜨린다. 하나님은 "먹지 말라"고 하셨지만, 하와는 "먹지도 만지지도 말라"고 하셨다며 그분의 말씀을 왜곡한다.

오늘날의 젊은이들은 하나님의 말씀을 소중하게 생각하지 않는다. 하나님의 말씀을 최우선 순위로 삼지 않기에 "반드시 죽으리라"나 "죽을까 하노라"나 다를 것이 없다. 나의 삶이 이와 같다면, 사탄의 유혹에 빠져 있다고 봐야 한다. 사탄의 바람은, 우리가 중도적 보수주의로 적당히 포장한 채 미혹되어 살아가는 것이다. 사탄은 이 전략을 결코 쉬지 않는다.

"교회는 나가되 설교는 듣지 마라. 열심히 주보를 만들어 나누어 주고, 청소하고 봉사해라. 그러나 은혜받는 자리에는 들어가지 마라. 말씀은 배워라. 열심히 배워라. 하지만 그것으로 족해라. 너는 다른 이들보다 나은 사람이다."

C. S. 루이스에 의하면, 사탄은 교회라는 장소를 통해 자기에게 속한 영혼을 비교적 안전하게 보관한다. 그리스도인들 중에는 구원의 바깥에 있으면서 구원받았다고 착각하는 이들이 많기 때문이다.

유혹의 문으로 들어온 죄

자기중심적인 말씀의 적용은 젊은이들에게서 흔히 나타나는 말씀 변질 현상인데, 이는 신앙의 초점을 하나님을 높이는 데 두지 않고 자신이 은혜를 받는 데 두기 때문이다. 자신의 감정이 중요한 삶에서는 하나님의 말씀이 무엇을 뜻하느냐 하는 것은 그다지 중요하지 않다. 말씀으로 위로를 받고 기쁨을 누리면 그만이기 때문이다. 나의 위로가 되어야 은혜를 받은 것이고, 그렇지 않으면 은혜를 받지 못한 것이다. 그런데 말씀을 변질시키는 것은 이전에 하와가 보인 삶의 패턴이다.

하나님의 말씀을 무시하면 하나님의 자리는 결국 인간이 차지한다. 사탄의 말에 속아 하나님의 말씀을 무시한 하와는 자신이 하나님과 같이 될 수 있다고 생각했다. 지금도 우리는 말씀을 무시하거나 왜곡하고 싶은 유혹을 받는다. 하나님의 말씀을 자기중심적으로 적용하면서, 유대인 학살과 공산주의 혁명이 자행되었고, 게이와 레즈비언이 등장했으며, 수없이 많은 거짓된 구원의 길이 제시되었다. 그래서 인류의 역사는 하나님의 말씀을 상실한 채 표류하는 섬과 같이 되었다.

나는 하나님의 말씀을 어떻게 받아들이는가? 출세와 성공의 도구로 삼지는 않는가? 시간 날 때 대충 읽고 주일에 잠깐 설교를 듣는 것으로 말씀에 대한 의무를 다했다고 생각하는 것은 아닌가? 그러나 말씀은 말씀으로 인해 우리가 병들며 죽을 수도 있다는 사실을 예언한다. 세상이 교회를 향해 손가락질하는 작금의 상황은 세상이 악해서 벌어진 일이 아니라 다시 말씀대로 살아가라는 하나님의 사인이다.

유혹은 죄가 우리 속으로 들어오는 문이다. 유혹에 굴복한 하와는 먹음직도 하고 보암직도 하고 지혜롭게 할 만큼 탐스럽기도 한 나무의 실과를 따 먹고, 자기와 함께한 남편에게도 주어 먹게 한다. 그러자 이상한 일이 벌어지는데, 성경은 그들의 눈이 밝아져 벗은 줄을 알고 무화과나무 잎을 엮어 치마를 만들었다고 기록한다. 원어 성경은 한 가지 사실을 더 강조하는데, 그 뉘앙스를 살피면 "그들이 무화과나무 잎을 엮어 자기들을 위하여 치마를 하였더라"이다.

죄가 인간에게 들어오자, 자신들을 위해 뭔가를 하는 일이 발생한다. 그런데 원래 사람은 자신을 위해 뭔가를 할 필요가 없었다. 하나님이 베푸시는 풍요를 누리고 하나님과 교제하는 것 자체가 하나님께 영광이었다. 그런데 죄가 들어오자, 자신을 위하는 삶으로 변질되었다.

악이라는 존재 자체가 없는, 그래서 선과 악을 구분할 필요가 없는 세상에서 살던 그들은 선악과를 먹은 이후 선과 악을 구분하는 삶을 살게 된다. 저주란 이런 것이다. 선과 악을 구분하는 삶은 원죄로 말미암아 태어나자마자 바로 따라붙는 속성이다. 말씀을 왜곡하고 말씀에서 떨어져나감으로 우리는 늘 죄와 동행하게 되었다.

사탄의 유혹을 이기는 유일한 길

우리는 아담과 하와가 넘어진 사건을 통해 사탄이 무기를 사용하는 패턴을 알 수 있다. 유혹을 받을 당시에 하와에게 나타난 흔들림을 보자.

첫째, 사탄이 하나님의 말씀을 내세우며 다가오자 하와는 선악과를 보며 먹음직스럽다고 표현한다. 육체적인 욕구가 생긴 것이다. 육체적 필요를 가장한 유혹의 패턴이다. 둘째, 보암직도 하다고 표현한다. 보기가 좋았다는 말이다. 심리적인 매력을 통한 유혹의 패턴이다. 셋째, 지혜롭게 할 만하다고 표현한다. 인간이 끊임없이 갖는 욕망으로서 세상의 모든 지혜를 가질 수 있다고 여기는 영적 유혹의 패턴이다.

이처럼 사탄은 하나님이 사람에게 주신 육체적, 정서적, 영적 필요로 하나님의 말씀을 내세워 유혹한다. 그리고 생래적이고 절대적인 필요와 연관되어 있어 여간해서는 유혹을 이기기가 쉽지 않다.

그러나 첫 번째 아담이 넘어진 이 유혹은, 두 번째 아담으로 온 예수님이 이기셨다. 예수님 역시 아담과 정확히 일치하는 세 가지 패턴의 유혹을 받으셨다.

첫째, "돌로 떡을 만들라"는, 육체적 필요와 관련한 유혹이다. 둘째, "높은 성전에서 뛰어내려라. 천사가 받아 살려줄 것이다"라는, 정신적 측면의 유혹이다. 셋째, 높은 산에서 아래를 보여준 다음, 세상을 다 가질 수 있다며, 영적 측면에서 유혹한다.

그러나 예수님은 첫 사람이 한 실수를 되풀이하시지 않았다. 이때 세 번에 걸친 유혹을 이긴 유일한 도구는 말씀이었다. 첫 번째 유혹은 "사람이 떡으로만 사는 것이 아니요 여호와의 입에서 나오는 모든 말씀으로 사는 줄을 네가 알게 하려 하심이니라"(신 8:3)라는 말씀으로, 두 번째 유혹은 "너희의 하나님 여호와를 시험하지 말고"(신 6:16)라는 말씀으로, 세 번째 유혹은 "네 하나님 여호와를 경외하며 그를 섬기며"(신 6:13)라는 말씀으로 물리치신다. 예수님은 40일의 금식이 아닌 오직 하나님의 말씀에 힘입어 유혹을 이기셨다.

우리가 나아가야 할 길은 이제 명확해진다. 말씀에 붙들려 말씀 앞에 삶을 펼쳐놓고 고민하고 좌절하며 기뻐하다 보면, 유혹을 하나하나씩 이겨내며 살고 있는 스스로의 모습을 발견할 수 있을 것이다.

힘겨운 도전 앞에 선 청년

창세기
39장

창세기 39장 7절은 "그 후에"라는 말로 시작한다. 하나님의 은혜로 요셉이 범사에 형통하는 복이 있고 난 후이다. 왠지 안 좋은 일이 생길 것 같은 분위기이다. 원래 형통한 다음에는 강도 높은 사탄의 유혹과 시험이 올 수 있다. 사탄의 입장에서는 '유혹하기 위한 시험(temptation)'이지만 하나님의 입장에서는 '복을 주기 위한 시험(test)'이다.

추파와 거절

"그 후에" 보디발의 처는, 용모가 준수한 요셉에게 유혹의 눈길을 던지다가 기다리기라도 한 듯 동침하기를 청한다. 하지만 요셉은 그녀의 요구를 거절한다. 머뭇거리거나 여지를 주는 소극적인 태도가 아닌 일언지하의 거절이었다. 이에 대해 요셉은, 주인이 모든 것을 자신에게 맡긴 중에 처(妻)는 아니라는 이유를 들지만, 더 궁극적인 이유가 있다.

"이 집에는 나보다 큰 이가 없으며 주인이 아무것도 내게 금하지 아니하였어도 금한 것은 당신뿐이니 당신은 그의 아내임이라 그런즉 내가 어찌 이 큰 악을 행하여 하나님께 죄를 지으리이까"(9절).

이 고백이 중요한 까닭은 두 가지 때문이다. 첫째, 요셉이 지닌 삶의 자세를 여실히 보여준다. 그는 하나님 앞에서 살고자 노력했다. 그래서 노예로 팔려가서도 요동하지 않고 하나님과 동행했다. 청년 요셉의 저력은 바로 이것인데, 이러한 영적 내공은 숱한 고난을 통해 얻을 수 있는 아주 특별한 선물이다. 하나님 앞에서 사는 삶의 태도는, 사방이 고난으로 둘러싸이고 하늘만 뚫린 상황에서, 그분이 일하시는 모습을 반복적으로 경험할 때 비로소 형성된다. 끊임없는 훈련을 통해 주어지는 것이다.

우리 또한 마음에 하나님을 향한 고백을 담아두어야 한다. 그래야 환난 날에 고난을 이길 힘이 주어진다. '코람데오(Coram Deo)'란 그러한 신앙을 의미하는데, 라틴어 'Coram'은 '앞에'라는 뜻이고 'Deo'는 '하나님'이다. 죽음을 보지 않고 하늘로 올라간 에녹은 코람데오의 신앙으로 산 대표적인 사람이며, 아브라함과 모세와 다윗 역시 그러했다. 그리고 누구보다도 예수님이 그렇게 사셨다. 이제 우리가 그렇게 살아야 한다.

둘째, 요셉은 죄로부터의 회복을 상징하는, 두 번째 아담 예수님의 모습과 일맥상통한다. 하나님은 첫 번째 아담에게 선악을 알게 하는 나무의 과실은 먹지 못하게 하셨는데, 이는 하나님이 계신다는 사실을 인식하며 살게 하려는 것이었다. 하지만 아담은 하나님 앞에 죄를 지었고, 그 후 모든 인류가 죄를 가진 채 태어났다.

그런데 요셉은 완벽하게 첫 번째 아담의 상황에 놓이지만, 그의 태도는 두 번째 아담이신 예수님과 같았다. 그의 신앙고백은 오실 예수님의 승리를 상징하기 때문에 중요하다.

인류가 당면한 최대의 숙제는 죄와 사망의 문제이다. 성경은 이 문제를 오직 예수님이 푸셨다고 증언한다. 예수님이 십자가에서 우리 모두의 죗값을 대신하여 죽으셨음을 믿을 때, 나의 죗값이 모두 지불되는, 엄청난 기적이 일어난다. 그러므로 그 믿음으로 살면 죄 없는 자만이 들어가는 천국에서 처음 창조된 본연의 모습으로 하나님과 함께 행복과 평안을 누릴 수 있다. 이것이 두 번째 아담인 예수님이 우리를 위해 하신 일이다.

영적 마진margin이 있는 삶

하지만 우리는 예수님이 아닐뿐더러 예수님처럼 살 수도 없다. 그러나 요셉처럼 예수님의 승리를 상징하는 삶은 살 수 있다. 말과 행동, 생각이 예수님의 승리를 상징하는 자리에 있어야 하는 것이다. 유혹과 시련은 누구의 인생에나 존재한다. 하나님은 시련을 통해 우리가 진정으로 예수님의 승리를 상징하는 삶을 살아가기를 바라신다. 그리고 세 번에 걸친 사탄의 시험을 말씀으로 이기신 예수님처럼 우리 역시 그렇게 되기를 원하신다.

말씀을 익히고 적용하다 보면 영적인 내공이 생긴다. 그 내공은 밖으로 드러나서 나중에는 다른 형제들을 격려하고 세우는 위력을 발휘한다. 과거에 비해 웬만한 유혹은 이길 수 있는 영적 마진이 생기는 것이다. 이는 하나님의 말씀을 삶의 자리로 가져오는 훈련이 쌓일 때 가능하다.

하나님은 우리를 깨우치시려 육체적인 고통과 정신적인 갈등을 허락하신다. 그때서야 '내가 기도생활을 너무 안 한 것 같은데? 예배를 너무 소홀히 드렸나?' 하고 돌아보기에 이른다. 육에 속해 살아가는 상태인데, 그렇기 때문에 우리는 유혹 앞에서 쉽게 무너진다. 유혹을 유혹이라 보는 일조차 버거울 뿐이다.

먼저 우리 삶을 육에서 해방시켜야 한다. 성경은 "육체의 정욕을 제어하라"(벧전 2:11)고 명령한다. 주의해야 할 점은 '제거(remove)'가 아니라 '제어(control)'이다. 육체의 정욕은 제어하는 것이다.

양심의 법 VS 성령의 법

육체의 정욕을 어떻게 제어해야 하는가? 하나님은 사무엘상에서 아말렉과 전쟁하는 사울에게 다음과 같이 명하신다.

"지금 가서 아말렉을 쳐서 그들의 모든 소유를 남기지 말고 진멸하되 남녀와 소아와 젖 먹는 아이와 우양과 낙타와 나귀를 죽이라"(15:3).

군사들뿐만 아니라 여자와 아이 밴 자, 어린아이와 짐승까지 모두 죽이라는 말이다. 인자하신 하나님께서 아말렉은 왜 진멸하기를 명하시는 것일까? 아말렉이 갖는 영적 의미 때문이다.

"너희는 애굽에서 나오는 길에 아말렉이 네게 행한 일을 기억하라 곧 그들이 너를 길에서 만나 네가 피곤할 때에 네 뒤에 떨어진 약한 자들을 쳤고 하나님을 두려워하지 아니하였느니라"(신 25:17-18).

아말렉은 우리의 구원을 방해하는 '육체의 정욕'을 상징한다. 아말렉의 시조는 야곱의 형 에서이다. 야곱의 자손들이 요셉을 따라 애굽으로 갈 때, 에서의 후손들은 주로 가나안 남쪽 지방에 살기 시작했다. 후에 모세가 이끄는 이스라엘 백성들이 가나안에 들어가는 것을 방해하여 영원히 하나님의 눈 밖으로 난 민족이다. 하나님은 에서와 야곱을 각각 육체의 씨와 약속의 씨로 설명하셨다. 우리의 구원을 방해하는 것은 결국 육체이다. 하나님은 아말렉의 모습을 통해 육체의 영적 의미를 우리에게 교훈하신다.

육체의 정욕은 성령을 거스르기 때문에 이것을 죽이지 않으면 내가 죽는다. 육체는 우리의 구원을 방해한다. 하나님은 육체의 정욕이 자라지 못하도록 작은 것이라도 없앨 것을 말씀하신다. 그러나 우리는 육체의 정욕을 제어하지 못하고 죄를 짓는데, 처음에는 죄책감이라도 들지만 시간이 지나면 만성이 되어 그러한 감정마저 사라진다. 되풀이하여 죄를 짓다 보면 면목이 없어 회개도 못하고 자책만 한다. 이것이 양심의 법이 갖는 한계이다.

양심은 평소 내 편인 듯 보인다. 그러나 결정적인 순간에는 사탄의 편에 선다는 사실을 기억해야 한다. 우리는 뼛속까지 죄인이기 때문이다. 성경은 '양심의 법'이 아니라 '성령의 법'을 따르라고 말한다. 성령의 법은 양심의 법 반대쪽에 있다. 양심의 법은 '내가 어떻게 그럴 수 있지?'라고 말하지만, 성령의 법 아래에 서면 '난 원래부터 아무 소망이 없던 사람이야'라는 고백으로 바뀐다.

다윗은 밧세바를 간음한 뒤 그 죄를 덮으려 우리아까지 살인한 다음, 혹독한 참회의 시간을 거치며 "내가 죄악 중에 출생하였고, 모태에서부터 나는 죄인이었다"고 고백한다. 이전까지 다윗은 죄를 'doing'의 문제로 알았다. 하지만 이제 'doing'의 문제가 아니라 'being'의 문제라고 깨닫기에 이른다. "죄를 지어 죄인이 아니라 원래부터 죄인이기 때문에 죄를 지을 상황에 놓이면 죄를 짓는다"는 사실을 알게 된 것이다.

'죄를 짓지 않는 것'은 은혜를 받고 업그레이드되는 차원이 아닌 우리의 OS(Operation System)를 통째로 바꾸는 일과 같다. 성령이 내 속에 들어오셔야 한다. 성령의 법은 '내가 왜 그랬을까?'가 아니라 '나는 원래부터 그런 존재였어!'라고 고백하게 만든다.

"내가 주의 목전에서 쫓겨났을지라도 다시 주의 성전을 바라보겠다 하였나이다"(욘 2:4).

하나님의 말씀에 불순종하여 다시스로 도망가던 요나는 물고기 배 속에 갇혀 참회의 시간을 보낸 뒤 이같이 기도한다. 소망은 오직 하나님밖에 없음을 고백하는, 성령의 법에 대한 깨달음을 담고 있다. '나는 죄를 너무 많이 지어서 하나님 앞에 갈 수 없어'라거나 '나 같은 사람은 죽어야 돼'라고 양심의 법 안에서 하나님을 바라보는 것이 아니라, 다시 쫓겨난다 해도 주께로 가겠다는 의지를 나타낸다.

계속해서 넘어지고 죄를 반복해서 짓더라도 예수님의 피로써만 용서받을 수 있음을 믿고 하나님 앞에 뻔뻔하게 나아가야 한다. 이것이 진짜 신앙이고, 성령의 법을 따르는 신앙이다. 그리고 이러한 신앙을 가질 때, 우리 삶에서 예수님의 승리를 나타낼 수 있다.

겉이 아니라 속

요셉은 옷과 관련이 많다. 어릴 때는 아버지가 지어준 채색 옷 때문에 형들에게 구박당하더니, 청년이 되어서는 보디발이 준 매니저용 옷 때문에 여주인에게 수모를 당한다. 채색 옷은 아버지가 보여준 사랑의 증표였고, 요셉이 뿌리치며 벗어두고 간 옷은 순결함의 상징이었는데, 사람들은 이 옷들에 대해 각각 교만함과 음란함이라는 꼬리표를 붙인다.

그런데 우리도 이러한 오해를 받을 때가 있다. 믿음으로 살다 보면 고난과 오해가 더더욱 따라붙기 마련이다. 말씀대로 살다가 바보라고 비웃음을 당하기도 한다. 그러나 요셉처럼 작은 것에 대해서도 육체의 정욕을 용납하지 않을 때, 영광스러운 삶을 누리게 된다.

창세기 50장은 요셉의 죽음으로 끝나지만, 영광스럽고 평안한 마무리였다.

"요셉이 백십 세에 죽으매 그들이 그의 몸에 향 재료를 넣고 애굽에서 입관하였더라"(26절).

이스라엘 자손은 요셉의 시신을 미라(mummy)로 만들었다. 미라는 위대한 사람을 기리기 위한 장례 관습으로, 몸 안에 향 재료를 넣고 썩지 않게 만드는 것이다. 요셉은 몸 밖을 감싸던 재료에 의해 온갖 고생과 오해를 받으며 살았지만, 죽음의 때에 몸 안을 채우는 재료로써 그의 생애를 인정받게 된다.

나의 삶에 대한 평가는 내가 입는 겉옷에 있지 않다. 나의 소유와 학벌, 외모로 평가받지 않는다. 나의 삶을 평가하는 것은, 내 안에 가득한 예수님의 보혈과 사랑, 하나님의 말씀이다. 나는 그분의 것으로 가득 채워야 한다. 왜냐하면 그리스도인은 노력함으로 사는 사람이 아니라 채워지고 흘러넘침으로 사는 사람이기 때문이다.

유혹으로 인해 힘들어하고 있다면, 내 안에 예수님이 계신지, 돌아보기를 바란다. 오직 예수님의 보혈을 의지할 때, 나를 하나님의 백성으로 삼고자 견인하시는 '하나님의 열심'이 위대한 승리를 안겨줄 것이다.

약점도 사용이 가능하다

창세기 20장

우리 몸에는 365개의 급소가 있다고 한다. 그중 30개가 중요 급소이고, 30개 가운데 10개는 호신술에 사용된다. 급소란 인체의 특정 부위를 가격하면 큰 고통을 주거나 비교적 쉽게 상대를 넘어뜨릴 수 있는 곳으로서, 단련이 안 되는 부분이다. 그래서 급소는 단련의 대상이 아닌 방어의 대상이다.

우리 인생에도 약점 혹은 콤플렉스라고 불리는 급소가 있다. 그리고 우리 인생의 어떤 약점은 아무리 노력해도 극복되지 않는다. 어떤 사람은 이성에, 학벌에, 물질에, 과거에 받은 상처에 치명적으로 약하다. 급소와도 같은 약점은 끊임없이 우리를 넘어뜨리고 좌절시키며, 중요한 관계와 일을 그르치게 한다. 그리고 이를 해결하는 방법은 방어밖에 없다. 잠재의식으로 남아 비슷한 환경에 놓이면 우리를 괴롭히기 때문이다.

창세기 20장은 믿음의 조상으로 불리는 아브라함 또한 치명적인 약점을 가지고 있었음을 말해준다. 약점이 그의 인생에 어떻게 작용했고, 어떻게 이를 극복했는지 살펴봄으로써, 우리 삶에 어떻게 적용할 수 있는지 도움을 얻도록 하자.

약점=대처증=유혹

아브라함은 소돔이 망하자 가데스와 술 사이에 위치한 그랄이라는 남쪽 지역으로 이사한다. 그곳에서 아내인 사라를 누이라고 속이는 바람에 그랄 왕 아비멜렉이 사라를 아내로 삼는 어처구니없는 일이 벌어진다.

그날 밤 하나님은 아비멜렉에게 나타나셔서 "사라를 건드리면 다 죽여버리겠다"고 말씀하신다. 아비멜렉은 아브라함을 불러 호통을 친 다음, 양과 소와 노비를 내주고, 사라에게는 은 천 냥을 주어 문제를 해결한다. 그러자 하나님이 아비멜렉과 그의 아내 및 여종을 치료하여 출산하게 하신다.

아브라함은 위험한 상황이 닥치면 아내를 누이라 속이는 약점을 갖고 있다. 의처증(疑妻症)이 아니라 대처증(貸妻症)이다. 위험이 찾아오면 아내를 내어줌[貸妻]으로써 위기를 모면하는 '대처증'은, 내가 만들어본 조어(造語)이다. 그런데 이 약점은 대략 25년 전 애굽에 있을 때에도 드러난 바 있다. 아내 사라를 누이라고 속여 애굽에서 쫓겨난 것이다. 아브라함은 왜 이런 약점을 갖게 되었을까? 하나님이 "너는 네 본토 친척 아비 집을 떠나라"고 말씀하셨기 때문이다. 그는 말씀을 따라 오직 믿음으로 떠났다. 그런데 당시에는 남자를 죽이고 아내를 강제로 빼앗는 일이 흔했고, 아브라함 역시 그러한 사건을 많이 목격했다. 특히 사라는 매우 아름다운 여인이었으며, 아브라함은 타 지역의 사람들에게 함부로 굴러 들어온 나그네에 불과했다. 그리고 이 경우에는 십중팔구 범죄자의 표적이 되었다.

"하나님이 나를 내 아버지의 집을 떠나 두루 다니게 하실 때에 내가 아내에게 말하기를 이후로 우리의 가는 곳마다 그대는 나를 그대의 오라비라 하라 이것이 그대가 내게 베풀 은혜라 하였었노라"(13절).

그런데 자신과 가족의 안전을 지키기 위해 행하는 이러한 대처증은 아브라함만의 약점이 아니다. 그것은 오늘을 살아가는 우리의 약점이기도 하다. 하나님은 믿음과 사랑으로 살아야 한다고 말씀하셨다. 용서하고 항상 기뻐하라고 말씀하셨다. 사랑하라는 말씀을 지키려면 싸울 수 없으므로 화를 속으로 삭인다. 용서를 말하기도 하고 기도도 하지만 마음속 깊은 곳에는 상처가 남는다. 이러한 일들이 반복되면 비슷한 상황이 닥쳐올 때, 두려워하면서 숨게 된다. 그리스도인이라 해도 자신을 방어하고 도피하기 위한 방어기제를 갖게 되는 것이다. 이에 대해서는 조금만 관점을 달리하면 그 속에 우리의 약점이 자리한다는 반증이 된다.

아브라함이 아내를 누이라고 속인 이유는 무엇일까? 그랄에서는 하나님을 두려워함이 없었기 때문이고(11절), 실제로 사라가 이복누이이기 때문이며(12절), 사라와 그렇게 하기로 약속했기 때문이다(13절). 세상이 하나님을 두려워하지 않았고, 어느 정도 사실이었으며, 아내가 이해해주었기 때문에 그리한 것이니, 어쩌면 그리 심각하게 보이지 않을 수도 있다. 그럼에도 하나님이 이 사건을 중하게 다루시는 까닭은, 아브라함이 사라를 누이라고 속임으로써, 아브라함을 열국의 아비로 삼으시려는 하나님의 언약에 방해가 될 수 있기 때문이다.

사실 우리에게도 이 같은 모습이 있다. 세상이 하나님을 두려워하지 않기 때문에, 내 속에 자기 합리화나 자기 정당화가 있기 때문에, 다른 사람들도 '그런 상황에서는 어쩔 수 없지!' 하고 이해해주기 때문에, 나를 향한 하나님의 계획을 방해하는 어처구니없는 일을 저지르기도 한다. 그리고 이것이 반복되면 약점으로 고착되어 비슷한 상황에서 다시금 재연된다.

나의 약점은 무엇인가? 외모? 성적? 누군가로부터 받은 상처? 실패나 버림받는 것에 대한 두려움? 우리는 결코 단련될 수 없는 급소, 즉 약점이 있다. 그리고 아브라함처럼 대처증 증세를 가지고 있다. 창세기 20장은 우리에게 중요한 교훈을 준다.

"그 밤에 하나님이 아비멜렉에게 현몽하시고 그에게 이르시되 네가 데려간 이 여인으로 말미암아 네가 죽으리니 그는 남편이 있는 여자임이라"(3절).

아브라함의 약점으로 인해 사건이 터지자마자, 하나님은 그날 밤 바로 개입하신다. 그리고 우리의 약점은 하나님의 개입으로 극복된다. 성경은 하나님의 개입하심이 하나님의 말씀이라고 강조한다. 우리는 약점과 관련하여 하나님의 개입하심, 정확히 말해 하나님의 말씀에 민감해야 한다. 왜냐하면 약점은, 이 땅을 살아가는 우리에게 심각한 유혹이 되기 때문이다.

약점을 딛고 서게 하는 하나님의 역전승

하나님이 아비멜렉에게 말씀하신다.

"이제 그 사람의 아내를 돌려보내라 그는 선지자라 그가 너를 위하여 기도하리니 네가 살려니와 네가 돌려보내지 아니하면 너와 네게 속한 자가 다 반드시 죽을 줄 알지니라"(7절).

하나님은 아내를 누이라 말하고 다니는 아브라함을 '선지자'라고 칭하신다. 그런데 아브라함은 우리와 별반 다르지 않다. 지지리도 못났고 약점투성이에다가, 심하게 말하면 부인을 등쳐먹는 못난 남편이다.

이 같은 아브라함을 왜 하나님은 선지자라고 부르셨을까?

"너를 위하여 기도하리니"(7절).

아브라함이 아비멜렉을 위해 기도할 것이기 때문에 선지자라는 것이다. 하나님은 아비멜렉이 아브라함의 기도를 받아야만 살 수 있다고 말씀하신다.

우리는 세상의 선지자로 보냄을 받은 사람들이다. 세상은 반드시 우리의 기도가 필요하다. 결점과 약점이 아무리 많다 해도 우리는 선지자이다. 그리고 약점은 하나님의 말씀에 민감하고 주위 사람들을 위해 기도할 때 해결되며, 단련하고 노력한다고 하여 해결되지 않는다.

"여호와께서 이왕에 아브라함의 아내 사라의 일로 아비멜렉의 집의 모든 태를 닫으셨음이더라"(18절).

"아브라함의 아내 사라의 일"이란, 아브라함의 약점이다. 그런데 이 약점이 아비멜렉의 집을 회복시키는 매개체로 사용된다. 하나님의 '개입하심'과 '간섭하심'이 가져다주는 신비로움은 바로 여기에 있다.

우리는 약점 때문에 망한다. 그러나 우리가 하나님의 말씀에 민감하고 그에 순종하며, 이웃을 위해 기도하는 삶을 살 때, 우리의 약점은 세상을 구원하고 회복시키는 매개체로 사용된다. 하나님은 우리의 약점을 통해 그분이 전능하신 분이라는 사실을 드러내신다.

우리는 죄와 사망에 속수무책이라는 최악의 약점을 지니고 있다. 그리고 하나님은 이러한 절대적인 약점을 이용하여 세상을 구원하려 하신다. 우리가 하나님과 세상 앞에서 구원받은 죄인의 모습으로 겸손히 살고, 말씀대로 순종하며 이웃을 위해 기도하면, 하나님이 우리의 약점을 사용하여 잃어버린 당신의 백성을 찾으시겠다는 것이다.

약점은 유혹이며 급소이다. 약점은 우리를 반복적으로 침체에 빠뜨리고 죄의 열매를 맺게 한다. 그러나 하나님의 말씀을 가슴에 담고 이웃을 위해 중보 하면, 우리의 약점에도 불구하고 세상을 구원하시려는 하나님의 위대한 계획이 살아 숨 쉬는 것을 경험하게 될 것이다.

두려움 다섯 번째 이야기

관계

"관계가 힘들어 미칠 지경이에요…."

형제의 약점을 목격할 때

창세기
9장

우리의 삶은 관계로 이루어진다. 그리고 이 관계는 중요하고도 어렵다. 관계가 힘들어서 직장을 그만두고, 관계에 금이 가서 이혼을 결정하고, 오해가 생겨 친구 간에 헤어지는 경우가 많다. 개인적인 관계뿐 아니라 나라와 나라, 민족과 민족 간의 관계도 쉬운 일이 아니다. 우리 같은 약소민족은 열강들과의 관계에서 손해를 보고 아픔을 경험한다. 이 같은 관계의 어려움을 극복하기 위한 방법은 없을까? 우리는 분명한 성경적 가르침을 가지고 모든 관계를 정립해 나가야 한다.

함의 반응

성경은 어떤 책이라고 생각하는가? 두꺼운 책? 거룩한 책? 모두 맞다. 성경은 거룩한 책이며 두꺼운 책이다. 하지만 거룩한 이야기만 쓰여 있지는 않다. 성경은 거룩한 사람들을 담은 책이 아니라 거룩해져야 하는 사람들을 담은 책이라고 해야 옳다. 부끄러운 이야기를 포장 없이, 있는 그대로 싣고 있기 때문이다. 그래서 진실의 책이기도 하다.

창세기 9장은 방주에서 나온 노아의 세 아들을 소개한다. 그들을 통해 온 땅에 사람들이 퍼졌다고 말한다. 방주에서 나온 노아는 포도농사를 지었고, 포도주를 너무 많이 담가 마셔서 술에 취해 벌거벗고 잠을 자게 된다.

그런데 노아는 왜 포도주를 담갔을까? 방주에서 나온 이후로 처음과는 상황이 많이 달라졌다. 하나님이 인간들을 홍수로 멸하지 않겠다고 약속하신 뒤로는 비가 올 때마다 무지개가 떴다. 농사도 그럭저럭 잘되고, 자식들도 믿음으로 잘 자라는 것 같았다. 그래서 노아가 방심한 것이다. '포도주야 건강에 좋고, 기분도 좋게 해주는데…' 하면서 포도주를 담갔을 것이다.

포도주는 심판 이전부터 있었고, 노아는 포도주를 익히 알고 있었으며 술을 즐겼다. 그러다 급기야 자기를 제어하지 못하고 장막 안에서 벌거벗는 행태를 벌였다. 자신의 경건을 믿고 방심하여 술을 즐기다가 술에 제압당한 것이다.

우리 역시 마찬가지다. 신앙생활에서 방심은 금물이다. 우리는 행동을 지키는 수준이 아니라 마음을 지키는 수준으로 경건생활을 끌어올려야 한다. 내 마음이 어디를 향하려 하는지 예의 주시해야 한다. 마음은 태초의 에덴동산 때와 같아 무엇이든 할 수 있다. 사실 우리는 마음속 에덴에서 선악과를 수도 없이 따 먹고 있지 않은가.

그런데 위대한 하나님의 종 노아의 실수에 대해 아들 함이 어떻게 대처하는지 살펴보자.

"그의 아버지의 하체를 보고 밖으로 나가서 그의 두 형제에게 알리매"(22절).

"보고"와 "알리매", 두 단어를 주목해보라. "보고"라는 단어는 '우연히 보다'라는 뜻이 아니라 '구체적인 목적 아래 면밀히 살피고, 더 나아가 즐기면서 보는 것'을 의미한다. 함은 홍수가 일어나기 전, 세상의 타락을 경험한 사람이다. 마음속으로 부정한 생각을 품고 즐기면서 아버지의 하체를 본 것이다. 어떠한 생각을 했는지 분명히 확인할 수는 없지만, 아마도 성적인 부분이었을 것이다. "알리매"라는 단어는 '사실을 알려주다'라는 뜻이 아니라 '누설하다' '배반하다'라는 뜻으로 사용된다. 사랑하는 아버지의 약점을 형제들에게 누설하고 아버지를 배반하여 욕했다는 뜻을 담고 있다.

그런데 의구심을 일으키는 부분은, 나중에 이 사실을 알게 된 노아가 함이 아니라 함의 막내아들 가나안을 저주했다는 대목이다. 왜 가나안을 저주했을까? 어떤 학설에 의하면 당시 가나안이 함에게 할아버지의 추태를 고해 바쳤거나, 그 자리에서 가나안이 더 적극적으로 나섰기 때문이라 한다. 또 어떤 학자들은 가나안이 이미 하나님의 말씀에서 떠나 성적인 죄에 익숙해져 있었기 때문이라 말한다. 모두 일리 있다고 여겨지는 것은, 함을 "가나안의 아버지"(18

절)라고 따로 설명하고 있기 때문이다. 가나안에게 어떤 문제가 있던 것은 아닐까? 그러다가 할아버지 노아의 부끄러움을 고해 바침으로 저주를 받게 되었는지도 모른다.

노아는 "가나안은 저주를 받아 그의 형제의 종들의 종이 되기를 원하노라"(25절)라고 말한다. 함과 가나안이 저주를 받은 이유는 무엇일까? 노아의 약점과 실수를 비방거리로 삼았기 때문이다. 좀 더 비약하면, 형제의 약점을 내세워 하나님을 믿지 않아도 되는 기회로 삼았다는 말이다.

우리는 사람들의 실수나 약점을 목격하고 나면 다른 이들에게 일러바치기를 좋아한다. 특히 목사님이나 교회 리더들의 약점을 목격하면, 아주 재미있는 가십거리로 삼는다. "그들도 실수를 하더라" 하면서 내심 즐거워한다. 이것이 저주인 까닭은, 오늘날 많은 젊은이들이 교회의 영광을 보지 못하고 교회의 약점만 목격하면서, 교회를 다니지 않아도 되는 기회로 삼기 때문이다. 형제의 약점을 목격하거나 교회의 약점을 목격할 때, 하나님을 등지는 기회로 삼는 것, 이러한 태도 때문에 함의 아들 가나안이 저주를 받은 것이 아닐까?

셈과 야벳의 반응

셈과 야벳은 함과 다르게 행동한다.

"셈과 야벳이 옷을 가져다가 자기들의 어깨에 메고 뒷걸음쳐 들어가서 그들의 아버지의 하체를 덮었으며 그들이 얼굴을 돌이키고 그들의 아버지의 하체를 보지 아니하였더라"(23절).

이 때문에 셈과 야벳은 복을 받는다. 여기서 우리는 "어깨에 메고"와 '덮다'라는 단어에 주목해야 한다. "어깨에 메고"는 히브리 문화권에서 섬기는 태도를 나타낼 때 쓰는 말이며, 광야에서 이스라엘 백성들이 하나님의 법궤를 어깨에 메었음을 표현할 때 사용하는 말이다. 이는 아버지 노아의 실수와 약점에도 불구하고 여전히 아버지를 섬기며 아버지의 권위를 인정했다는 뜻이다.

관계가 막히고 힘이 들 때 어떻게 하면 영적인 셈과 야벳처럼 될 수 있을까? 형제를 섬기고 사랑하는 자세를 끝까지 유지하는 것이다. 형제의 약점을 목격하더라도 여전히 형제를 사랑하고 그를 위해 기도하며 섬길 때 복이 임한다. 형제의 잘못을 바로잡겠다며 고발하고 난도질하는 것을 하나님이 허락하시지 않기 때문이다.

관계가 막혔을 때 하나님이 주시는 복의 자리에 있는 또 하나의 방법은, 형제의 허물을 덮는 것이다. '덮다'라는 말은 '죄를 가려서 용서하다'라는 뜻이다. 죄를 범한 형제가 있을지라도 그의 죄를 용서하고 덮어주는 것, 이것이 "사랑은 허다한 죄를 덮느니라"(벧전 4:8)를 실천하는 행위이다.

세상에 자식의 죄를 떠벌리고 다니는 부모는 없다. 누구보다도 자식을 사랑하기 때문이다. 우리는 언제 형제의 허물을 덮어줄 수 있을까? 사랑할 때이다. 사랑하지 않고는 형제라 할 수 없으며 형제라고 하면서 형제의 허물을 덮지 않는 것은, 마치 형제의 도를 저버리는 패륜과도 같기 때문에 하나님의 더 큰 진노의 대상이 된다.

하나님이 우리에게 원하시는 것은 헌신이나 위대한 사역이 아니다. 깊고 진실하게 영혼을 사랑하는 마음이다. 이것이 가장 큰 헌신이며 가장 큰 사역이다. 우리가 이런 사랑을 할 수 있는 그릇이 못 됨에도 하나님은 그 가능성을 열어놓으셨는데, '카도스'(요 13:34)의 사랑을 회복하면 된다. '카도스'란 '~처럼'이라는 뜻으로, 하나님이 나를 사랑하신 것처럼 서로 사랑하면 된다는 말이다. 즉, 하나님의 사랑을 잊지 않고 기억하며, 살아가는 동안 그분의 사랑을 깊이 깨달으면, 그 사랑에 힘입어 우리도 그분처럼 다른 사람을 사랑할 수 있다는 뜻이다. 아가페는 우리의 것이 아니라 철저히 하나님의 것이다. 그럼에도 우리가 아가페를 흉내 낼 수 있는 것은, 주님이 나를 어떻게 사랑하셨는지 기억할 수 있기 때문이다.

관계 회복의 열쇠, 용서

형제의 허물을 용서하는 것은 우리가 회복해야 하는 사랑의 표현이다. 이때 관계를 회복하는 유일한 방법은 용서인데, 용서란 하나님의 사랑을 기억하는 데서부터 출발한다.

용서란 이타적이고 조건 없는 사랑의 한 방법이거나 묵인 또는 망각을 의미하는 것이 아니다. 용서는 인생의 여정 속에 있는 하나의 과정일 뿐 상처를 즉각적으로 없애주는 특효약이 아니다.

데이비드 옥스버거는 그의 책 《*Caring Enough to Confront*》(직면할 정도로 충분히 돌아보기)에서 용서를 "많은 과정으로 이루어진 긴 여정"으로 보았다. 용서는 '샬롬'이라는 목적지로 가는 여러 단계의 여정이다. 용서는 상실의 인정, 감정의 받아들임, 표출, 생각의 정리, 회복이라는 다섯 단계의 디딤돌을 거친다.

용서의 여정을 5단계로 정리하면 다음과 같다.

첫째, 상실에 초점을 맞추는 단계이다. 관계를 회복하려면 상실에 대한 이해가 이루어져야 한다. 이것이 용서의 시작이기 때문이다. 우리는 잃어버린 것을 인정할 때 그것을 찾는 일을 시작할 수 있다. 용서의 초점은 '내가 용서해야 할 사람'이 아니라 '내가 상실한 무언가'에 있다. 참다운 용서란 상실한 것을 되찾아 온전함을 회복하는 것이다. 우리는 하나님의 형상을 상실했으며, 공격과 비난은 그것을 상실하게 하는 핵심 원인이 된다. 그러므로 용서는 상실한 것을 기억해내는 일이며 우리 안의 문제이다.

둘째, 내재된 감정을 받아들이는 단계이다. 우리는 겪게 된 일들과 그 상처로 인한 두려움, 죄책감, 수치심 같은 감정이 무엇인지 인식해야 한다. 흔히 내재된 감정을 파악하기 시작할 때 사람들은 분노를 느끼고, 그 분노의 강도에 놀란다. 하지만 받아들인다는 것은 물러선다거나 만족한다는 뜻이 아니다. 현실에 서서 아픔과의 타협점을 찾고, 과거의 일로부터 의미를 재발견하며, 사건을 다시 정의하는 작업이다. 그리고 이를 통해 다음 단계로 나아갈 수 있다.

셋째, 직면하여 표출하는 단계이다. 분노는 내면에 지나치게 쌓아놓은 짐들에 대한 당연한 감정이다. 그래서 오히려 용서를 지속하는 힘이 되기도 한다. 고통스러운 기억을 잊으려고 애쓸 때 나타나는 현상이 '부인(否認)'인데, 이는 당시에는 도움이 되지만 성인이 되면 분노로 표출되므로 도움이 되지 않는다. 그러므로 관계 속에서 안 좋은 조각을 굳이 봉쇄할 필요가 없다. 대부분의 내재된 감정은 분노로 표출되어야 하며, 여러 가지 긍정적인 방법을 통해 표현되어야 한다.

넷째, 생각을 재정립하는 단계이다. 우리는 보통 A라는 사건 때문에 C라는 결과가 나왔다고 여기지만, 사실은 A라는 사건을 B라고 여기는 나의 생각이 C라는 결과를 초래한 것이다. 하나님의 선하심에 근거해 '과거'를 해석하고 '오늘'이라는 결과를 생각해야 한다. 그래야 '오늘'이라는 결과를 근거로 '미래'를 예측할 수 있다. 용서는 용서할 사람이 아닌 상실한 것을 회복하는 것에 관한 문제이며, 인생의 결과물이 아닌 인생의 과정임을 기억해야 한다. 따라서 용서는 우리가 그 사람에게 과한 것을 주었음을 기억하는 것이 아니라, 우리가 하나님께로부터 과한 것을 받았음을 기억하는 일이다.

다섯째, 회복하는 단계이다. 용서의 마지막 단계는 화해가 아니라 회복이다. 그러므로 우리는 회복의 기준을 알아야 한다. 우리가 회복해야 할 것은 하나님의 사랑인데, 바로 거기에서 용서가 흘러나오기 때문이다. 하나님의 사랑 없이 용서는 성립될 수 없다. 우리는 때로 상처를 입힌 사람들을 찾아가 의혹을 밝힘으로써 진실에 직면해야 한다. 직면은 사실과 감정을 본질적으로 나누는 일이다. 하지만 직면하기 전에 반드시 감정의 문제를 해결해야 한다. 나아가 화해 없이도 용서할 수 있어야 하며 용서해야 한다. 용서는 궁극적으로 사랑의 형태를 취한다. 다른 사람들을 있는 그대로 수용하는 '카도스'의 사랑인 셈이다. 무조건 관계를 '원상복귀' 하는 형태가 용서는 아니다. 용서가 되어도 관계는 회복되지 않을 수 있다. 용서의 과정을 통해 내가 받은 상처가 나를 더욱 성숙시킨다는 점도 알게 되며 만족의 경지에 이른다. 용서는 사랑하는 법을 배우는 과정이기 때문이다.

그리스도인의 대인관계

창세기
26장

창세기 26장에서 이삭은 그랄 골짜기와 브엘세바를 중심으로 자리를 잡는다. 어느 날 블레셋 왕 아비멜렉이 왕실 고문인 아훗삿과 군대장관 비골 등 그 휘하의 사람들을 데리고 협정을 맺으러 이삭을 찾아왔다. 협정의 골자는 "네가 너무 강성해졌으니 절대로 우리를 공격하지 않겠다고 약속하라"는 것이었다. 이삭이 어떻게 했을까? 아니, 어떻게 하는 게 정상일까? 사실 아비멜렉은 전부터 계속 이삭을 쫓아내려고 한 인물이다. 그럼에도 이삭은 "나가라 할 때는 언제고, 이제 와서 협약을 맺고자 하느냐?"라는 식으로 반응하지 않았다. 도리어 잔치를 베풀고 그들이 평안히 갈 수 있도록 축복했다. 바로 그날 이삭의 종들이 판 우물에서 물이 솟아올랐다. 여기서 또 하나의 내용이 추신처럼 덧붙어 있는데, 이삭의 아들 에서가 나이 사십에 유딧과 바스맛이라는 두 헷 족속 여자와 결혼하여 이삭과 리브가에게 근심이 되었다는 것이다.

그리스도인은 이 땅에서 살아가는 동안 다른 사람들과 어떻게 관계를 맺어야 할까. 우리는 죄가 무엇인지, 무엇을 민감하게 생각해야 하는지 모를 때가 있다. 그리고 이 같은 상황에 직면할 때 우리 그리스도인들은 세상에서 고립되거나, 관계를 맺는 데 실패할 수 있다.

아비멜렉이 온 이유

아비멜렉은 처음에 이삭을 얕보았다. 그러나 이삭에게 뭔가 특별한 것이 있음을 알 수 있었다. 이삭은 가는 곳마다 복을 받고, 그가 손을 대는 곳이면 계속해서 물이 터졌다. 그러자 아비멜렉은 하나의 결론에 도달한다. 하나님이 이삭에게 복을 주시지 않으면 절대 그렇게 될 수 없다고 본 것이다. 그는 이삭에게 "여호와께서 너와 함께 계심을 우리가 분명히 보았으므로 우리의 사이 곧 우리와 너 사이에 맹세하여 너와 계약을 맺으리라"(28절)고 제안한다.

여기서 우리가 주목해야 하는 것은 "여호와"라는 단어이다. 성경에서 이방인들이 하나님을 거론할 때는 '여호와'라는 이름을 사용하지 않고, 일반적인 신의 명칭인 '엘로힘'이라는 단어를 쓴다. 그런데 여기서는 하나님의 백성들만 사용하는, '언약에 신실한 유일하신 하나님'이라는 뜻의 '여호와'라는 말을 이방인 아비멜렉이 쓰고 있다.

아비멜렉, 아훗삿, 비골은 이삭과 함께하시는 하나님이 '여호와' 임을 어떻게 알았을까? 그들은 "우리가 분명히 보았으므로"라고 말한다. 이 말은 하나님이 살아 계시며 전능하신 분이라는 사실을 그들이 인정하지 않을 수 없었다는 뜻이다. 이삭이 무엇을 했기에, 그들의 눈에는 보이지도 않는 하나님을 보았다고 말하는 것일까?

아비멜렉이 맺는 대인관계의 특징

먼저 아비멜렉을 살펴봄으로써 세상 사람들이 관계를 맺는 특징을 정리해보자.

첫째, 사람들은 자신의 잘못을 기억하지 못한다. 29절 상반절에서 아비멜렉은 이삭에게 "너는 우리를 해하지 말라 이는 우리가 너를 범하지 아니하고"라고 말한다. 아비멜렉이 이삭을 범하지 아니했다는 말은 거짓이다. 세상 사람들은 왜 과거의 잘못을 기억하지 못할까? 사람들이 관계를 맺을 때 그 기준은 '남'이 아니라 '자기'이기 때문에 남에게 상처를 준 사실을 잘 기억하지 못한다. 따라서 내게 상처를 준 사람을 너무 미워하지 말아야 할 것은 나도 그렇게 하기 때문이다.

둘째, 사람들은 자신을 좋은 사람으로 포장한다. 29절 중반절에는 "선한 일만 네게 행하여 네가 평안히 가게 하였음이니라"라고 말한다. 타락한 인간은 자기를 포장하고 덮는 데 능숙하다. 발가벗겨지면 죄악 된 실존 때문에 견딜 수 없는 수치와 부끄러움을 당하므로 어떻게든 자신을 가리고 살아간다. 그래서 학벌, 명예, 돈 따위로 가리려고 든다. 이것이 선악과를 따 먹은 인간의 본질이다.

셋째, 사람들은 자기보다 강한 자에게 아부한다. 29절 하반절에서는 "이제 너는 여호와께 복을 받은 자니라"라고 아부하는 모습을 보여준다. 여기서 "이제"라는 단어와 "너"라는 단어는 둘 다 히브리어로 '앗타'라고 발음한다. 그러니 그가 '앗타, 앗타' 하면서 아주 리듬감 있게 말한 것은 이삭에게 아부했다는 것이다. 우리도 누군가를 찬양할 때면 "오, 나의 태양! 오, 나의 여인!" 하는 식으로 리듬감 있게 표현하지 않는가. 이렇듯 잘못을 뉘우치지 않는 사람에게 우리는 어떻게 해야 할까? 아비멜렉은 과거의 잘못을 뉘우치러 온 것이 아니다. 그렇다면 그와 굳이 협정을 맺어 화해할 필요가 있을까? 자기 잘못을 인정하지도 않고 그렇게 할 마음조차 없는 사람에게 어떻게 해야 할까? 단순히 상종하지 않으면 되는 것일까? 공격도 험담도 하지 않으면 죄를 짓는 것이 아니므로 그 사람을 가까이 안 하면 되는 것 아닐까? 하지만 성경은 그렇게 말하지 않는다.

"이삭이 그들을 위하여 잔치를 베풀매 그들이 먹고 마시고 아침에 일찍이 일어나 서로 맹세한 후에 이삭이 그들을 보내매 그들이 평안히 갔더라"(30-31절).

잘못을 뉘우치지도 않고 사과도 하지 않으며, 게다가 자신을 포장하기까지 하는 사람을 위해 이삭은 잔치를 베푼다. 게다가 평안히 가게 한다. 여기서 '평안히(뻬샬롬)'라는 단어는 '아무 일 없이 평안하게 갔다'는 의미만 담고 있지 않다. '샬롬'에 '뻬'라는 전치사가 붙어 '샬롬 안에서'라는 의미가 되어, 마음속에 단 하나의 불만이나 분쟁의 씨앗도 가지지 않은 상태, 즉 감정적으로 완전히 해결된 상태에서 돌아가게 했다는 뜻이다. 짐작하다시피 '빼샬롬'은 '샬롬(평안)'에서 나온 말이다.

우리는 잘못을 뉘우치지도 않고 사과도 하지 않는 친구에게 이렇게 해야 한다. '저 사람이 나를 정말 용서해주었을까?'라는 의구심이 전혀 생기지 않도록 용서해주라는 말이다. 하지만 무조건 그렇게 하라는 것도 아니다.

"이삭이 그들에게 이르되 너희가 나를 미워하여 나에게 너희를 떠나게 하였거늘 어찌하여 내게 왔느냐"(27절).

이삭이 그에게 잘못을 말해주고 있다. 이는 그를 정죄하기 위함이 아니다. 용서하고 화해하기 전에 상대의 허물이나 나를 섭섭하게 한 일들의 원인에 대해 입장 표명을 분명히 했다는 뜻이다. 솔직히 그 일 때문에 자신이 힘들었다고 고백하는 셈이다. 그런 다음에 그를 위해 잔치를 베풀고 마음에 조금의 앙금도 남지 않도록 화해하고 있다. 이것이 그리스도인의 대인관계이다.

왜 이렇게 해야 할까? 정말로 이렇게 하기 싫을 수가 있다. 그럼에도 우리가 이렇게 해야 하는 결정적인 이유는 우리와 세상 사람들의 기준이 다르기 때문이다. 우리는 그리스도의 향기이고 이것이 우리가 인간관계를 맺는 기준이다.

성경에서 말하는 그리스도의 향기는 '절대적 개념'이 아니라 '상대적 개념'이다. 내가 어떻게 사느냐에 따라 그 향기가 나와 관계하는 사람들에게 '생명의 향기'가 될 수도 있고, '죽음의 냄새'가 될 수도 있다. 그리스도의 향기는 예수를 믿으면 무조건 뿜게 되는 절대적 향기가 아니다. 우리의 삶에 따라 결정되는 향기인 것이다. 그리고 이 개념은 구약에 등장하는 '복'의 개념을 그대로 계승한 신약적 이미지이다. 내 삶을 보고 사람들이 나를 축복하면 그들에게 복이 임하고, 내 삶을 보고 사람들이 나를 저주하면 그들에게 저주가 임한다. 다시 말해 철저하게 관계적 개념이다.

세상의 기준으로 보면, 우리는 그 사람을 용서할 생각도 용서할 이유도 없다. 그러나 그리스도인으로서 그리스도의 향기를 풍기고 나를 통해 다른 사람이 복을 누리게 하려면, 용서해야만 한다. 그래야 하늘의 복이 나를 통해 흐르게 된다.

"그날에[이삭이 그들과 화해하고 평안히 가게 한 바로 그날에] 이삭의 종들이 자기들이 판 우물에 대하여 이삭에게 와서 알리어 이르되 우리가 물을 얻었나이다 하매"(32절).

이같이 살 때 복을 주신다는 메시지이다. 혹 "왜 내가 파는 우물마다 땅강아지만 나오지?"라고 말하고 싶은가? 그렇다면 삶을 한번 점검해봐야 한다. 대인관계가 막혀 있다면 아무리 우물을 파더라도 샘의 근원을 찾을 수가 없다.

그리스도인의 인간관계

곧이어 이 사건과 상관없는 이야기가 등장한다.

"에서가 사십 세에 헷 족속 브에리의 딸 유딧과 헷 족속 엘론의 딸 바스맛을 아내로 맞이하였더니 그들이 이삭과 리브가의 마음에 근심이 되었더라"(34-35절).

학자들은 이 이야기를 삽입 기사로 본다. 그런데 여기에는 하나님의 중요한 메시지가 담겨 있다. 성경에 구체적인 숫자나 연대가 나오면 그 뒤에는 반드시 특별한 의미를 지닌 이야기가 나온다.

40세 하면, 40세에 리브가와 결혼하여 새로운 출발을 한 이삭을 떠올리게 된다. 그리고 본문에서 알 수 있듯이 에서 역시 40세에 결혼한다. 에서의 새로운 출발점이다. 그런데 성경 기자는 이삭의 이야기를 하는 중에 이 두 사람을 극명하게 대비시킴으로써 그들의 출발이 얼마나 다른지를 보여준다. 아버지 이삭은 신부의 얼굴도 보지 못한 채, 하나님의 말씀만 의지하고 이역만리까지 따라온 리브가라는 여자와 결혼한 반면, 아들 에서는 두 명의 여자와, 그것도 자기가 택한 예쁜 여자들과 결혼한다. 그런데 에서의 처들이 속한 헷 족속은, 셈족 계통으로 가문은 이삭과 같았지만 일찌감치 신앙을 내팽개친 이방 민족이었다.

왜 그들은 이삭과 리브가의 근심이 되었을까? "근심이 되었더라"(35절)라는 말은 극심한 슬픔과 비통 속에서 살게 되었다는 뜻이다. 구약성경을 아람어로 번역한 탈굼(Targum) 역에 따르면, 이 구절을 "에서의 아내들이 불순종하여 부모를 노엽게 하였다"고 표현한다. 에서의 대(代)에 와서는 그리스도인으로서의 인간관계가 무너지게 되었다는 뜻이다. 가정에서 극심한 슬픔과 비통 가운데 괴로워하면서 사는 인간관계가 형성된 것이다. 그만큼 힘든 것이 그리스도인의 인간관계이다. 그리스도인으로서 무게중심을 바로잡지 않으면 인간관계는 무너지고 만다. 그리고 꼭 가정에서부터 무너진다. 인간관계가 그리스도인의 정체성을 드러낸다 해도 과언이 아니다.

나의 아비멜렉을 향해 샬롬을 선포하라

세상 사람들은 "하나님은 정말 살아 계시고 이러이러한 분이야"라고 하는 그리스도인의 말에 별로 관심이 없다. 그들에게는 그저 황당한 이야기일 뿐이다. 그렇다면 어떻게 하나님의 존재를 알려줄 수 있을까? 우리의 삶을 통해 하나님이 살아 계시다는 것과 그분이 사랑이심을 나타낼 수 있다.

아비멜렉 역시 이삭의 삶에서 하나님을 볼 수 있었다. 이삭은 한마디로 '예수님을 닮은 온유한 삶'을 통해 땅을 차지하는 사람이 되었다. 온유한 삶이란, 하나님과 지속적으로 관계를 맺으면서, 우리에게 주신 사명의 멍에를 벗지 않고, 내려놓고 양보하면서, 믿음의 길을 뚜벅뚜벅 걸어가는 것이다. 곧, 우리가 왜 이렇게 살아야 하는지 예배를 통해 드러내는 것이다. 그러할 때 사람들은 여호와 하나님이 우리와 함께하시는 것을 본다.

하나님을 드러내는 삶, 이것이 우리 인생의 목적이 되어야 한다. "이같이 너희 빛이 사람 앞에 비치게 하여 그들로 너희 착한 행실을 보고 하늘에 계신 너희 아버지께 영광을 돌리게 하라"(마 5:16)는 말씀은 바로 이 의미이다. 하나님을 드러내는 삶을 살 때 한 나라의 왕인 아비멜렉조차 뜨내기에 불과한 이삭에게 극도로 위축되어 찾아오는 반전이 일어난다.

그리스도인은 힘을 과시하며 사는 존재가 아니다. 사람들이 무시하지 못하도록 높은 자리에 오르고, 정치적 또는 경제적으로 능력을 갖추며 사는 것이 하나님을 드러내는 삶이 아니다. 그리스도인이 나타내야 할 인간관계의 대원칙은 온유한 삶이다. 따라서 내게 잘못하고 별다른 용서를 구하지 않는 이들 또한 내가 감싸주고 이해해야 한다. 그렇지 않고 에서가 아내들을 취한 것처럼 나의 성질과 기질대로 행하면, '극심한 슬픔과 비통' 가운데 살게 된다. 설령 그렇게 되지 않는다 해도 사람을 얻을 수는 없다.

그리스도인의 대인관계는 마음속 깊은 곳에 있을 법한 섭섭함이나 상처의 찌꺼기조차 하나님 앞에서 남기지 않는 것이다. 이 세상을 향해, 나의 아비멜렉을 향해 잔치를 베풀고 샬롬을 선포하라. 그리고 마음속에 있는 과거의 쓴 뿌리, 거절감, 상처가 모조리 씻겨나가도록 하나님 앞에 엎드려 많이 울어야 한다. 왜냐하면 우리는 이 세상의 복 자체이며, 그리스도의 향기이기 때문이다. 우리가 파서 얻어내야 하는 생명의 우물은 바로 이것이다. 이렇게 살 때 하나님은 복의 근원이 되도록 우리를 인도하실 것이다.

미움 다스리기

창세기 27장

임지룡 교수가 쓴 《말하는 몸》(한국문화사)을 보면, 미움의 신체 외부 증상은 얼굴, 이마, 눈, 눈썹, 볼, 코, 귀, 입, 입술, 이, 혀, 몸, 몸체, 주먹의 14개 부위에서 나타난다. '얼굴이 화끈하게 달아오르다' '이맛살을 찌푸리다' '이를 악물다' 등이 그 예이다. 미움의 신체 외부적 감정은 71가지로, 그중 눈으로 드러나는 게 제일 많다. 또한 미움의 신체 내부 증상은 가슴, 속, 배, 배알/밸, 창자, 오장 등 7개 부위에서 나타난다. '속이 터지다' '배알이 꼬이다' 등이 그에 해당한다. 이처럼 미움이란 감정의 문제가 절대 아니다. 따라서 미움에 대한 보다 넓은 개념화 작업이 필요하며, 이로 인해 다양한 삶의 변수가 파생

될 수 있음 또한 알아야 한다.

누군가를 미워하는 마음 때문에 힘들어한 적이 있는가? 물론 미워한 적이 없는 사람은 세상에 없다. 미움은 인생사 곳곳에서 가장 보편적으로 드러난다. 세상의 모든 문제는 미움이 본질적 동기일 때가 많다. 미워서 보기가 싫고, 미워서 그만두고 싶고, 미운 것이 내 인생의 발목을 잡을 때도 있다. 살다 보면, 불현듯 스스로가 미워지는 경우도 있고 그 정도가 심해 일상생활이 힘들 때도 있다.

이처럼 미움과 인생은 떼려야 뗄 수 없는 관계이므로, 지혜로운 사람은 미움을 다스리는 법을 익히려 한다.

미움은 범죄를 향한다

창세기 27장은 에서가 아버지 이삭으로부터 받은 축복이 그저 자투리에 지나지 않았다고 말한다. 야곱이 복을 가로챈 탓이다. 이 때문에 분노한 에서는 아버지가 돌아가시면 야곱을 죽일 것이라고 떠들고 다닌다. 그리고 이 말을 들은 어머니 리브가는 야곱을 피신시키기로 작정한다. 리브가는 야곱을 향해 에서의 화가 풀리면 다시 부르겠다며, 외삼촌 라반이 있는 하란으로 피해 있으라고 말한다. 남편 이삭에게는 에서가 데리고 온 근심거리, 헷 족속 며느리를 핑계 삼아 "야곱의 아내를 여기서 취하지 말고 외삼촌 라반의 딸 중에서 취하게 합시다"라고 말하여 허락을 얻어낸다.

"그의 아버지가 야곱에게 축복한 그 축복으로 말미암아 에서가 야곱을 미워하여 심중에 이르기를 아버지를 곡할 때가 가까웠은즉 내가 내 아우 야곱을 죽이리라 하였더니"(41절).

에서는 자기가 축복받지 못한 이유를 아버지가 야곱에게 축복한 그 축복 때문이라고 생각한다. 그 축복은 무엇일까? 바로 "네가 형제들의 주가 되고 네 어머니의 아들들이 네게 굴복하며"(29절)라는 부분이다. 에서는 열등감 때문에 야곱을 미워하게 된다. 그 옛날 가인이 아벨을 죽인 이유와도 같은, 동생보다 못하다는 형의 열등감이다. 열등감은 미움을 낳는다. 그래서 죽이려고 다짐하고, 아버지가 죽는 날을 기다리며 기회를 엿보기 시작한다.

'미워하다'라는 뜻의 히브리어는 '사탐'이다. '싫어하다' '증오하다'의 뜻을 가진 동사이다. 이 단어는 시간이 지나면서 '적대시하다'(욥 16:9), '적개심을 가지다'(창 49:23), '핍박하다'(시 55:3)라는 의미로 확장되었다. '미워하다'의 의미가 발전하여 행동으로 표출되는 의미로 구체화된 것이다. 결국 그 마음을 행동으로 옮기게 되는 개념이 '미움'이다. 따라서 미움과 살인은 별개의 문제가 아니다. 살인이란 미움을 행동으로 옮긴 것이며, 미움이란 살인을 행동으로 옮기지 않은 상태일 뿐이다.

예수님은 형제를 미워하는 자를 살인자나 다름없다고 간주하시고(마 5:21-22), 마음에 음욕을 품은 자를 음행한 자라고 말씀하신다(마 5:27-28). 마음의 생각이 곧 그 사람이라는 말이다. 하나님이 태초에 노아의 홍수로 사람을 멸하신 이유는 무엇일까? 창세기는 그 이유를 "그의 마음으로 생각하는 모든 계획이 항상 악할 뿐임을 보시고"(6:5)라고 증언한다. 우리가 동의하든 동의하지 않든 분명한 것은 '내 마음에 있는 그것이 곧 나'라는 사실이다.

마음의 생각은 어떻게 발전하는가? 일단 좋지 않은 생각이 내 속에 들어오면 죄인인 나의 본성과 화학작용을 일으켜 죄를 지향하는 경향성이 생긴다. 그것을 성경에서는 '욕구'라고 부른다. 좋지 못한 생각이 죄의 경향성을 지닌 욕구가 되었는지는, 자신이 하는 말을 통해 알 수 있다. 왜냐하면 욕구의 본능은 '표출'이므로 반드시 말로 드러나게 되어 있다. 그래서 야곱이 미워진 에서가 동생을 죽이겠다고 말하고 다닌 것이다. 결국 마음의 생각은 말로 표현되고 표현된 말은 행동으로 열매 맺힌다. 그래서 시편 기자가 "나의 반석이시요 나의 구속자이신 여호와여 내 입의 말과 마음의 묵상이 주님 앞에 열납 되기를 원하나이다"(시 19:14)라고 애절하게 기도한 것이다.

미움이 해결되는 기도의 자리

미움을 제대로 다스리지 못하면 큰 어려움을 당한다. 인간관계에서 미움이란 감정의 문제만은 아니다. 영적인 문제이며, 잘못 다루면 심각한 관계의 아픔이 양산된다.

리브가는 에서의 미움을 다스리기 위해 야곱을 외삼촌 라반의 집으로 보낸다. 그리고 "네 형의 노가 풀리기까지 몇 날 동안 그와 함께 거주하라"(44절)고 당부한다. 하지만 그녀의 생각과는 달리 그 "몇 날"은 20년이 되었고, 리브가는 사랑하는 아들 야곱과 사랑스러운 손자들을 보지 못한 채 세상을 떠난다. 야곱이 어머니 리브가와 헤어지던 날이 이 땅에서 어머니를 마지막으로 본 날이 되어버린다.

미움을 해결해야만 우리는 안정적인 삶으로 나아갈 수 있다. 야곱이 에서를 만나 화해하는 장면을 살펴보면, 고향으로 돌아오는 야곱은 에서의 마음을 풀기 위해 갖은 노력을 다한다(창 32장). 첫 번째 시도는 '선물'이다. 물론 그것만으로 사무친 미움을 해결할 수는 없었다. 두 번째 시도는 '마음을 담은 편지'이다. 그런데 이 또한 소용이 없었다. 이도 저도 안 되고 죽을 것만 같은 고통에 처한 야곱은, 그 유명한 얍복 나루의 기도를 하나님께 드린다.

미움의 문제는, 미움의 당사자들 사이에서는 해결 방법이 없다. 그것은 하나님과 나의 관계에서 기도를 통해 풀어야 하는 문제이다. 창세기는 기도를 '씨름'으로 묘사한다. 결국 야곱의 씨름은 하나님의 말씀으로 살 것인지, 자신의 지혜로 살 것인지를 놓고 벌인 사투이다. 사실 야곱의 인생 자체가 이 싸움의 여정이었다. 야곱은 힘의 근원인 허벅지 관절이 부러지는 일을 겪는다. 하나님이 이기신 싸움인 것이다. 나의 지혜가 아니라 하나님의 말씀으로 사는 삶, 하나님이 야곱에게 그토록 주고 싶어 하신 영적 축복은 바로 이것이다.

미움은 나의 지혜가 아니라 하나님의 말씀대로 살겠다고 결단하는 데에서부터 해결된다. 미움의 문제를 다스릴 수 없을 때, 나의 지혜를 내려놓고 하나님을 향하여 기도의 무릎을 꿇도록 하자.

진정한 화해

창세기
43장

독일이 통일 되어 베를린 장벽이 붕괴되는 모습은 역사의 장(場)을 새롭게 여는 감격을 안겨주었다. 텔레비전을 보며 지구촌 사람들은 한마음으로 감동했고, 믿는 이들은 하나님께 감사를 드렸다. 그리고 독일 통일과 관련하여 다양한 논문이 쏟아져 나왔다. 경제력을 일등공신으로 내세우는 이가 있는가 하면, 혹자는 공산주의 체제의 붕괴에서 비롯된 효과라고 평가했으며, 종교인들은 통일을 위해 기도한 동서독 교회를 높이 평가하기도 했다.

지구상의 유일한 분단국가에서 살고 있는 우리는 독일의 통일 과정을 지켜보며 중요한 교훈 하나를 얻는다. 정치적 통일로는 결코 온전한 통일을 이룰 수 없으며, 우리나라의 경우는 남북한으로 나뉘어 수십 년간 서로 다른 체제를 유지해왔으므로 문화적 통일을 이루기 위한 시간이 필요하다는 것이다.

일본 강점기에서 해방된 지 반세기가 지났음에도 우리 문화 가운데에는 여전히 일제의 잔재가 남아 있다. 어린이들이 부르는 〈퐁당퐁당〉 〈우리 집에 왜 왔니?〉 〈아침 바람 찬 바람에〉 같은 동요가 일본 노래이고, 트로트도 일본 가요의 리듬에서 파생된 것이다. 심지어 〈독도는 우리 땅〉도 이 리듬에 맞춘 노래이다. 이를 통해서도 알 수 있듯 문화의 변화와 형성은 시간을 필요로 하기 때문에 남북한의 이질적인 문화가 하나 되는 데 있어서도 역시 시간이 필요하다.

전문가들은 남북한이 정신적으로나 사상적으로 불편 없이 살아가려면 최소한 분단 역사의 두 배에 달하는 시간이 걸릴 것이라 전망한다.

누가 사랑을 쉽다고 말하는가

그런데 이 같은 문제는 한 공동체나 개인에게도 그대로 나타난다. 서로 다른 삶의 현장에서 각각의 방식으로 살던 이들이 하나 됨을 이루는 일은 그렇게 만만하지 않기 때문이다. 부부 관계, 부모와 자식 관계, 친구 관계는 물론 연인 관계에서조차 서로의 불편함을 덜기까지는 그리 쉽지 않을뿐더러 시간이 오래 걸린다.

그러면 온전한 하나 됨이 가능하기는 할까? 이에 대해 성경은 어떻게 말하고 있을까?

창세기 43장은 아버지를 설득한 형들이 애굽의 총리인 요셉에게 줄 예물과 두 배의 돈을 챙겨 들고, 베냐민과 함께 요셉 앞에 서는 모습을 다루고 있다. 친동생 베냐민이 함께 있는 것을 본 요셉은 그들이 자신의 집에서 점심을 먹도록 준비한다. 감옥에 있던 시므온도 풀려나고 형제들은 요셉의 집에서 극진한 대접을 받는다. 그런데 아버지의 안부를 묻던 요셉은 베냐민을 향한 애끓는 마음을 감추지 못하고 안방으로 급히 들어가 운다. 요셉은 얼굴을 씻고 감정을 억제한 뒤 형제들과 따로 음식을 먹는다.

본문은 장차 이스라엘 열두 지파를 이룰 형제들이 어떻게 화해의 자리로 나아가는지를 보여준다. 우리는 이 장(章)을 통해 진정한 화해와 일치란 무엇이며 그를 위해 어떻게 사랑해야 하는지를 깨달아 알게 된다.

사랑이 어려운 이유는 'Everything or Nothing(전부 아니면 전무)' 식의 사랑을 하거나 상처로 인해 오해하기 때문인데, 본문은 형들이 요셉의 사랑에 대해 오해하는 것을 보여준다. 형들은 요셉이 곡식 값을 도로 넣어주자 자신들을 중상모략해서 죽이려 한다고 오해한다. 그리고 요셉이 집으로 초대하자 자신들을 노예로 삼고 나귀를 빼앗으려 한다고 오해한다. 그들을 나이순으로 앉혀주자 서로 이상히 여기는데, 이는 두려움에 떨며 상당히 수상하게 여겼다는 뜻이다.

우리 역시 마찬가지로 하나님과의 관계에서 오해하는 측면이 있다. 신앙 성숙을 위해 하나님께서 훈련시키시면 '하나님은 나를 싫어하시나 봐!' 하고 오해한다.

사랑은 쌍방에 관련되기 때문에 한쪽이 잘한다고 쉬워지지 않는다. 어느 한쪽만 만족하거나 최선을 다한다고 해결되는 것이 아니다. 온전하게 화해하려면 쌍방이 함께 움직여야 한다.

진정한 하나 됨의 비결

요셉은 왜 형들 앞에서 자신의 신분을 숨겼을까? 온전한 사랑을 이루기 위해서이다. 쌍방이 함께 도달해야 할 온전한 화해와 일치를 이루기 위해서이다. 화해는 필연적으로 사랑이 전제되므로 쌍방의 문제이다. 상처를 많이 받아 아직 힘든 부분이 있는 요셉이었지만, 그는 형제에 대한 사랑이 있었으며 화해할 준비도 되어 있었다. 상처를 더 이상 상처로 여기지 않고 하나님의 섭리라고 여긴 것이다.

하지만 문제는 요셉의 형들이었다. 요셉의 형들 상태를 봐서는 준비가 되었는지 알 수가 없다. 이때 요셉이 일방적으로 화해를 선포하면, 진정한 화해를 이루기가 요원해진다. 적어도 그들이 과거의 잘못을 뉘우치고 있는지 정도는 확인해야 한다. 덮어놓고 화해부터 선포하면 다음에도 똑같은 문제가 일어날 수 있기 때문이다. 그래서 요셉이 은잔으로 형들의 사랑을 테스트한 것이다.

진정한 화해와 온전한 일치는 사랑이 반드시 전제되어야 하며, 이 사랑은 쌍방 간 동의의 문제이다. 그러므로 내 마음이 풀리고, 내가 그를 용서한다고 하여 진정한 화해가 이루어지는 것은 아니다.

이스라엘의 역사로 돌아가 생각해보자. 이스라엘은 끝내 온전한 하나가 되지 못했다. 남 유다와 북 이스라엘, 두 나라가 통일을 이루지 못하고 망한 것이다. 이 같은 결과의 궁극적인 원인은 그들의 죄 때문이었다. 이스라엘의 진정한 통일은 예수 그리스도가 이 땅에 오셔서 그들의 죄 문제를 해결하심으로 성취되었다.

진정으로 관계가 회복되기를 원한다면, 온전한 하나 됨의 핵심이 그리스도께 있음을 잊지 말아야 한다. 진정한 화해를 이루고자 한다면, 그 필요를 느낀 사람이 먼저 하나님께 나아가면 된다. 그리스도인의 경우, 잘못을 저지른 사람이 아니라 성숙한 사람이 먼저 문제를 풀어야 한다. 하나 됨의 원리란 바로 이것이다.

감정적으로 회복될 때까지 기다리지 마라. 하나님께 아픈 마음을 그대로 가지고 나아가라. 그리고 하나님께 맡겨라. 요셉이 한 것처럼 계속해서 하나님께 나아가서 그분을 의지하고 나의 감정과 상처를 내보여라. 바로 이것이 상한 감정을 영적으로 이용하는 방법이다.

내가 하나님 앞으로 나아가지 않으면 상대방도 절대 하나님 앞으로 나오지 않는다. 사랑이 회복되지 못하는 까닭은, 상대방이 한 만큼만 나도 하겠다는 태도 때문이다. 내가 먼저 하나님께 나아가면 그 사람도 하나님께 나온다는 사실을 믿어야 한다.

온전한 화해의 자리

형들이 구하고자 하는 양식은 요셉의 손에 있다. 하나님은 요셉에게 그 양식을 주셨다. 이는 요셉이 하나님께 한결같이 나아가는 모습으로 살았기 때문인데, 양식이 필요한 형들은 결국 요셉에게 나아오게 되었다. 그리고 여기에 온전한 화해, 하나 됨의 비밀이 있다.

나의 아픈 상처를 가지고 하나님께 나아가면 하나님은 반드시 나와 함께하신다. 화해는 항상 하나님께로부터 나온다. 그리고 진정한 하나 됨은 인간적인 동정이나 동의가 아니라 하나님 앞으로 같이 나아가고자 하는 의지에서 시작된다. 하나님께 나아가면 서로를 이해할 수 있는 넓은 마음을 주시고, 서로의 이야기를 들을 수 있는 겸손과 서로 말할 수 있는 용기를 주신다. 진정한 화해는 하나님 앞에서 이루어진다. 관계가 깨어진 내면에는 죄의 문제가 깊숙이 도사리고 있다. 관계를 회복하기 위해서는 죄 문제를 해결하신 하나님께 나아가지 않으면 안 된다.

사탄은 틈을 노리는 자이다. 우리 속에는 성령님이 거하셔서 틈이 없지만 사람과 사람 사이에는 틈이 많다. 사탄은 바로 이 틈을 이용한다. 하지만 관계가 막힐 때 먼저 하나님께 나아가면 그 틈이 메워진다. 하나님이 바로 그 자리에 오셔서 나의 죄를 용서하시고 사랑하심으로 틈을 메워버리시기 때문이다.

온전한 화해와 감격적인 하나 됨은 하나님 앞에서만 이루어진다. 관계가 힘들어서 죽을 지경인가? 온전한 화해를 이루고 싶은가? 지금 하나님 앞에 있는지 점검해보자. 그리고 온전한 화해는 하나님 앞에 함께 나아갈 때 이루어진다는 사실을 기억하자.

가장 아름다운 연설

창세기
44장

'세상에서 가장 아름다운 연설'에 대해 조사한 앙케트 결과를 본 적이 있다. 1위는 "나에게 자유를 달라. 그렇지 않으면 죽음을 달라"는 미국의 독립운동가 패트릭 헨리의 연설이고, 2위는 "노병은 결코 죽지 않는다. 다만 사라질 뿐이다"라는 맥아더 장군의 연설, 3위는 링컨의 게티즈버그 연설, 4위는 루터 킹 목사의 연설, 5위는 "'네 소원이 무엇이냐'고 하나님이 물으시면, 나는 서슴지 않고 '내 소원은 대한독립이오'라고 대답할 것이다"라는 김구 선생의 연설이다. 이 연설문들을 다시 읽어보면 호소력과 설득력이 뛰어나서 얼마나 가슴이 뜨거워지는지 모른다. 정말로 그들의 정신과 가슴이 느껴지는 것이다.

성경에서는 어떤 연설이 가장 아름다울까? 나는 창세기 44장에 등장하는 유다의 연설을 꼽고 싶다. 우리는 요셉의 형들이 곡식을 사러 애굽으로 간 이야기, 아버지 야곱이 베냐민을 데려가는 것을 반대한 이야기, 유다가 우여곡절 끝에 아버지 야곱을 설득하여 베냐민을 애굽으로 데려간 이야기를 알고 있다. 그런데도 창세기 44장은 이 모든 이야기를 유다의 입을 빌려 다시 한 번 들려준다. 분명 반복이다. 성경에서는 중요한 사실을 강조하여 전달하고 싶을 때 반복 기법을 사용한다.

그런데 창세기에는 이처럼 반복해서 쓰인 부분이 몇 번 더 나타난다. 이때는 특히 유의하여 그 안에 숨은 중요한 의미를 발견할 줄 알아야 한다. 유다의 연설에는 어떤 뜻이 담겨 있는 것일까. 애굽의 총리 앞에서 행한 유다의 연설을 보면서, 삶을 풍요롭게 하는 방법과 관계 문제를 평화롭게 해결하는 교훈을 얻도록 하자.

형제의 아픔을 대신하는 사랑

유다의 연설은 그 자신이 아닌 형제들의 관점에서 행해지고 있다. 요셉의 형제들 가운데 가장 어린 베냐민은 억울한 누명을 쓰고 애굽의 종이 될 형편에 처했다. 어려움에 빠진 형제를 도울 때 염두에 두어야 하는 것은 그 사람에 대한 관점을 어떻게 형성하느냐 하는 것이다. 관점에 따라 친구를 돈줄로 볼 수도 있고, 불쌍하게 볼 수도 있으며, 나 아니면 놀아줄 이 없는 외톨이로 볼 수도 있다. 관계는 관점에 따라 형성된다.

베냐민을 향한 유다의 관점은 어떠한가? 그는 "베냐민은 절대로 그럴 아이가 아니다"라고 선을 두지 않는다. "남의 물건을 도둑질할 아이가 아니다"라는 식으로도 말하지 않는다. 편을 드느라 급급해 하지도 않고 베냐민을 도와줄 방도를 찾느라 머리를 굴리지도 않는다. 그가 베냐민을 바라보는 관점은 성경에 잘 나타난다.

"이제 주의 종으로 그 아이를 대신하여 머물러 있어 내 주의 종이 되게 하시고 그 아이는 그의 형제들과 함께 올려 보내소서"(33절).

유다의 관점은 철저하게 '내가 그를 대신하고' 있다. 원어 성경에서는 절박한 요청을 나타내는 '나(na)'라는 불변사를 사용한다. 즉, 간절하게 그를 대신하려고 'please(남에게 정중하게 무엇을 부탁하거나 하라고 할 때 덧붙이는 말)' 하고 있다. 성경에서 가장 아름다운 연설 가운데 하나로 꼽는 이유이다. '형제를 대신하는 관점', 이것이 우리 인생을 아름답게 만든다.

이처럼 사랑은 대변(代辯)해주는 것이 아니라 대신(代身)해주는 것이다. 그의 부족을 대신해주어야 한다. 심지어 그의 죄까지도 나의 죄로 여길 줄 아는 태도가 대신해주는 관점이다. 이것이 세상에서 가장 아름다운 모습이요, 성경에서 말하는 참사랑의 모습이다. 우리를 대신하신 예수님을 드러내는 삶이기 때문이다.

스스로를 한번 냉철히 돌아보자. 많이 부족하고 고집불통이지는 않은가? 그럼에도 하나님은 나를 내치시지 않고 끝까지 참아주셨다. 그리고 주님은 죄와 사망을 대신 짊어지고 죽으심으로써 해결해주셨다.

예수님은, 아들 이삭을 하나님께 바치려는 아브라함을 위해 숫양을 대신 준비해주신 이래로 우리를 대신하여 죽으시는 삶을 사셨다. 우리가 어려움에 처해 있거나 우리의 연약함으로 다른 사람에게 상처를 줄 때, 심지어 몸 된 교회에 해가 되는 행동을 할 때에도 예수님은 우리를 대신해주신다. 지금도 대신해서 매 맞아주시고, 정죄당하시며, 우리의 허물을 지고 그 거친 골고다를 올라가신다. 그러면서 우리에게 주시는 말씀은 대신해주는 삶이다.

"주 너의 하나님을 사랑하고 또한 네 이웃을 네 자신같이 사랑하라"(눅 10:27).

대속(代贖)적 삶이 형제를 사랑하는 삶이고 그것이 사랑하는 방법이다.

아버지의 마음으로

유다는 처음부터 끝까지 아버지의 관점으로 베냐민에 대해 이야기한다.

"아버지의 생명과 아이의 생명이 서로 하나로 묶여 있거늘… 아이가 우리와 함께 가지 아니하면 아버지가 아이의 없음을 보고 죽으리니"(30-31절).

유다는 베냐민이 종이 될 수 없는 이유를 아버지와 아이의 생명이 서로 묶여 있기 때문이라 밝힌다. 아이에게 무슨 일이라도 생기면 아버지의 근심이 심해져 죽는다는 말이다. 그는 아버지에게 해가 미치는 것을 자기 눈으로 볼 수 없기 때문에 베냐민을 두고 갈 수 없다고 말한다(34절).

유다는 어느새 아버지를 섬기고 사랑하며, 그의 마음을 헤아리는 자리에 서 있다. 아버지의 마음! 이것을 아는 삶은 참으로 아름답다. 아버지의 마음을 아는가? 나를 향한 아버지의 마음을 헤아리는가? 내 친구를 향한, 이 세상을 향한 아버지의 마음을 아는가? 하나님 아버지의 마음을 아는 사람은, 이 땅에서 가장 아름다운 인간관계를 맺으신 예수님처럼 정말로 아름다운 인간관계를 맺을 수 있다.

우리가 흔히 접하는 탕자의 이야기는 '집 나간 아들을 기다리는 아버지'에 관한 것이다. 두 아들을 둔 아버지가 있었다. 그런데 어느 날 둘째 아들이 아버지에게 자신의 재산을 요구한 다음 그것을 가지고 먼 나라로 떠난다. 그는 창기들과 함께 돈을 흥청망청 써서 모두 날려버린다. 돈 한 푼 없고 춥고 배고파서 돼지 먹이라도 얻어먹으려 하지만 그조차 여의치 않자 아버지에게 돌아갈 결심을 한다. 아들은 아버지가 자신을 종으로라도 여겨주기를 바라는 마음으로 터벅터벅 돌아온다. 그런데 아버지는 멀리서 오는 둘째 아들을 알아보고 신발도 신지 않은 채 달려와 아들을 끌어안는다. 아버지는 아들에게 좋은 옷을 입히고, 손에 금가락지를 끼우고, 살진 송아지를 잡아서 잔치도 벌인다.

그러자 밭에서 돌아온 첫째 아들이 분노하여 아버지에게 대든다.

"내가 여러 해 아버지를 섬겨 명을 어김이 없거늘 내게는 염소 새끼라도 주어 나와 내 벗으로 즐기게 하신 일이 없더니 아버지의 살림을 창녀들과 함께 삼켜버린 이 아들이 돌아오매 이를 위하여 살진 송아지를 잡으셨나이다"(눅 15:29-30).

이에 아버지가 말한다.

"애 너는 항상 나와 함께 있으니 내 것이 다 네 것이로되 이 네 동생은 죽었다가 살아났으며 내가 잃었다가 얻었기로 우리가 즐거워하고 기뻐하는 것이 마땅하다"(눅 15:31-32).

아버지는 두 아들에게 '용서'라는 가장 큰 선물을 주었다. 두 아들을 향한 아버지의 마음은 '너희도 나와 같은 마음으로 서로 사랑하라'이다. 아버지의 마음을 헤아려 서로 우애하며 사랑하라는 것이다. 이제 아버지의 마음이 보이는가?

하나님을 아버지로 둔 우리가 아름다운 관계를 맺는 비결은 아버지의 마음을 헤아리는 것이다. 아버지의 마음은 바로 화해이다. 하나님의 아들 예수 그리스도의 죽으심으로 하나님과 우리가 화해하게 된 것처럼 우리 안에도 화해가 있어야 한다. 아버지의 마음을 누구보다 잘 아시는 예수님께서 우리에게 내려주신 가장 큰 계명은 "네 하나님을 사랑하고 네 이웃을 사랑하라"임을 기억해야 한다.

왜 우리가 형제를 사랑해야 할까? 아비와 아이의 생명이 하나로 묶여 있기 때문이다. 아이, 곧 형제에게 무슨 일이 생기면 아비도 근심에 빠지기 때문이다. 그리고 바로 이것이 아버지에 대한 관점을 가지고 사는 인생이다.

여러모로 관계가 힘이 들어 막막한가? 그렇다면 아버지의 마음을 묵상하자. 그분이 나를 사랑하신 '카도스'의 사랑으로 나를 힘들게 하는 형제를 한번 바라보자. 형제의 부족함을 대신하고, 그의 연약함을 대신하며, 그의 죄를 품어주는 삶, 그것이 아버지의 마음을 가장 잘 헤아리는 삶이다.

두려움 여섯 번째 이야기

이성교제

"외로워서 견딜 수가 없어요…."

젊은 날의 영원한 숙제에 관하여

창세기 29장

'선풍기적인' 인기를 끈 〈꽃보다 남자〉라는 드라마가 있었다. '선풍기적인' 인기란 여름 한철 없어서는 안 되지만 시즌이 끝나면 아무도 찾지 않는 반짝 인기를 말한다. 남녀노소 가리지 않고 이 드라마를 사랑한 이유는 아마도 우리 마음속 깊은 곳에 숨어 있는 환상적인 사랑을 주제로 했기 때문일 것이다. 오죽하면 당시 결혼 10년 차이던 내 아내도, 미성년자 9년 차이던 내 딸도, 베이비 5년 차이던 내 아들도 구준표와 금잔디에 푹 빠져 살았을까. 드라마 방영 이후 관련 신조어가 유행했는데, 남자들의 수식어는 '꽃미남'이 되었고, 전국의 꽃집 이름은 '꽃을 든 남자'가 되었으며, '꽃보다 남자'라는 글씨체 또한 탄생했으니 그 인기는 실로 대단한 것이었다.

야곱의 러브 스토리

가슴 시리도록 아픈 사랑을 해본 적이 없는 사람과는 결혼하지 말라는 말이 있다. 그만큼 가슴으로 사랑앓이를 하는 것은 젊은 시절의 행복이기도 하다. 젊은 날 해야 하는 숙제 같은 것으로는 단연 '사랑'이 으뜸일 것이다. 하지만 요즘은 이 사랑도 많이 퇴색되었다. 성경이 전하는 참사랑을 살펴봄으로써 진정한 사랑의 의미를 새겨보도록 하자.

창세기 29장에서 야곱은, 형 에서와 아버지 이삭을 속이고 브엘세바에서 하란으로 도망친다. 그리고 하란에 있는 외삼촌 라반의 집에 한 달간 묵으며 품삯도 없이 일한다. 이때 라반은 야곱이 부지런할 뿐만 아니라 목자로서의 능력이 있음을 보고 그를 고용하려 한다. 이에 라반이 야곱에게 제안하자, 야곱은 라헬을 아내로 주면 7년을 일하겠다고 수정안을 내놓는다. 라헬을 사랑한 야곱은 7년을 수일처럼 여기며 일한다. 그렇게 7년을 지낸 야곱은 결혼식 날을 맞이하고, 라반은 동네 사람들을 끌어모아 잔치를 벌인다. 그리고 라반은 라헬이 아닌 언니 레아를 초야(初夜)의 신혼 방에 들여보낸다.

아침에 깨어난 야곱은 상상도 할 수 없는 일이 벌어진 것에 대해 외삼촌 라반에게 달려가 "왜 나를 속였느냐"고 항의한다. 라반은 "우리 지방에서는 동생을 언니보다 먼저 시집보내는 일이 없다"고 하면서 "결혼잔치 기간인 일주일을 채우면 라헬도 줄 테니 나를 위해 다시 7년을 봉사하라"고 능청스럽게 말한다. 야곱은 라헬을 얻기 위해 7년을 더 봉사한다. 그리고 라반은 두 딸에게 몸종을 붙여주는데, 레아에게는 실바를, 라헬에게는 빌하를 준다.

이것이 창세기 29장이 전하는 야곱의 러브 스토리이다.

인생 다반사의 시발점, '재정립된 관계'

야곱을 한 달 동안 지켜보던 라반은, 관계를 재정립해야겠다고 결론짓는다. 야곱의 성실함을 담보로 외삼촌과 조카의 관계가 아닌 고용주와 고용인의 관계를 맺어야겠다고 생각한 것이다.

우리가 인생에서 맞닥뜨리는 대부분의 문제는 관계의 재정립에서 출발한다. 마르틴 부버는 자신의 저서인 《나와 너》(*Ich und Du*, 대한기독교서회)에서 "현대인들의 관계는 나와 너의 관계가 아니라 나와 그의 관계에 단편적으로 머물러 있다"고 말했다. '당신'이라는 2인칭이 될 때 의미 있는 관계가 되는데, 대부분 '나와 그'라는 3인칭의 관계로 전락하여 깨어진 사회가 되었다는 말이다. 이에 더하여 우리는 '나와 그것' '나와 그 인간'으로 관계를 재정립하는 버릇이 있다. 상처와 섭섭함 때문이지만 살다 보면 별의별 일을 다 만나기 마련이다. 문제는 관계의 정립이 잘못되어 있다는 사실을 모른다는 데 있다.

이것이 나와는 전혀 상관없는 일인가? '나와 나를 괴롭히는 그'와의 관계가 나에게는 없는가? '나와 아무개라고 이름 붙이는 그것'과의 관계가 나에게는 없는가? 우리는 잘못 정립된 관계 속에서 나와 너의 관계가 아닌, 나와 그것과의 관계를 자꾸 만들고 있으며, 바로 이러한 행태에서 문제가 싹트게 된다. 하나님은 '형제의 관계' '하나님 형상의 관계' '사랑의 관계' '지체의 관계' 등으로 우리의 관계를 정립하셨음에도, 나 자신이 '꼴 보기 싫은 관계' '저놈은 원래 그런 놈이라는 관계'로 엉클어뜨리고 있다.

사랑의 힘

야곱은 라반에게 "무엇을 주십시오"라고 말하지 않는다. 대신 "내가 외삼촌의 작은딸 라헬을 위하여 외삼촌에게 칠 년을 섬기리이다"(18절)라고 말한다. 오늘날과 마찬가지로 당시에도 아내를 얻으려면 결혼 자금이 필요했는데, 야곱은 결혼 자금 조로 7년을 일하겠다고 했다. 라헬을 향한 야곱의 사랑이 얼마나 큰지 알 수 있는 대목이다.

라헬이라는 신부를 위해 7년 동안 일한다는 것은 아무리 생각해도 너무 커다란 희생이지만, 7년을 수일같이 여기며 노동할 수 있는 힘은 바로 사랑에서 나왔다. 힘들고 서러운 날이 왜 없었겠는가. 하지만 라헬과 함께할 날들을 생각하면 힘이 났을 것이다. 사랑이 고통을 이긴다. 솔로몬 또한 "사랑은 죽음같이 강하고"(아 8:6)라고 말했다. "많은 물도 이 사랑을 끄지 못하겠고 홍수라도 삼키지 못하나니 사람이 그의 온 가산을 다 주고 사랑과 바꾸려 할지라도 오히려 멸시를 받으리라"(아 8:7)고 노래한 것도 이 같은 맥락이다.

한 여인에 대한 사랑도 이처럼 큰 힘을 발휘하는데, 하나님을 사랑하면 어떻게 될까. 이때는 그 무엇에도 견줄 수 없는 에너지를 얻게 된다. 하나님께 사랑을 고백하는 습관을 가져보라. "주님, 사랑합니다!"라고 매일 아침, 그리고 자기 전에 진정으로 고백해보라. 나 같은 사람을 사랑해주시는, 이유를 알 수 없는 그분의 사랑에 푹 빠져보라. 그러면 말할 수 없는 삶의 활력이 우리를 압도한다. 그래서 바울이 우리를 위해 "능히 모든 성도와 함께 지식에 넘치는 그리스도의 사랑을 알고 그 너비와 길이와 높이와 깊이가 어떠함을 깨달아 하나님의 모든 충만하신 것으로 너희에게 충만하게 하시기를 구하노라"(엡 3:18-19)라고 기도한 것이다. 진실로, 사랑이 힘이다.

예쁘면 되나?

야곱의 러브 스토리는 사랑의 원칙과 관련하여 몇 가지 팁을 준다. 그중에서도 외모에 치중하지 말아야 한다는 교훈이 중요하게 부각된다.

"레아는 시력이 약하고 라헬은 곱고 아리따우니"(17절).

야곱이 라헬의 외모를 좇아 사랑했음을 알 수 있는 대목이다. 어쩌면 레아는 시력이 나빠서 찡그리는 습관을 가지고 있었을 수도 있다. '곱다'는 말은 얼굴에, '아리땁다'는 말은 외모, 곧 몸매에 사용하는 표현이니, 아마도 라헬은 오늘날의 기준으로 V 라인에 S 라인을 겸한, 이기적인 외모의 여인이었을 것이다. 성경 기자는 야곱이 라헬의 외적 아름다움에 사로잡혔음을 간접적으로 표현하고 있다.

그런데 레아와 라헬 모두 결혼에 성공하고 있으므로 외모가 결혼의 필수 요건은 아니다. 레아는 야곱의 사랑을 많이 받지 못했으나 성실한 여자였음은 분명하다. 레아는 야곱의 첫째 부인으로서 6남 1녀를 낳았다. 동생 라헬과 첩들 사이에서 많은 갈등을 겪었지만 유일하게 막벨라 굴에 장사됨으로써 아브라함 가문의 맏며느리로 인정받았다(창 49:31). 반면 라헬은 야곱의 사랑을 한 몸에 받았으면서도 자녀가 많은 언니를 시기한 나머지 빌하를 첩으로 주기까지 했으며, 두 아들밖에 얻지 못하고 막벨라 굴이 아닌 베들레헴으로 가는 길에 장사되었다.

성경은 자매들의 '아름다움'에 대해 다음과 같이 말한다.

"너희의 단장은 머리를 꾸미고 금을 차고 아름다운 옷을 입는 외모로 하지 말고 오직 마음에 숨은 사람을 온유하고 안정한 심령의 썩지 아니할 것으로 하라 이는 하나님 앞에 값진 것이니라"(벧전 3:3-4).

그러므로 자매들은 "온유"하고 "안정한 심령"을 지녀야 한다. 이들 표현은 속사람을 치장할 때 쓰이는데, 외모가 아닌 속사람을 잘 가꾸는 지혜가 있어야 한다는 뜻이다.

벌은 향기를 품은 꽃을 향해 날아들고 파리는 똥을 찾아 앉는다고 했다. 속사람은 벌거숭이인데 외모만 보고 찾아드는 형제라면 모르기는 해도 파리일 가능성이 높다. 그리고 외모에 빠져 사랑한 형제는 더 나은 외모를 가진 자매를 찾아 떠날 가능성이 크다. 잘못된 사랑은 오래가지 못할뿐더러 상처만 남긴다. 그러니 외모로 인해 사랑하기로 마음을 정하지 마라. 지혜롭지 못한 태도이다. 첫눈에 반할 만한 사람이 나타나거든 꼭 그 사람의 중심(中心)을 달아보아야 한다. '예쁘면 됐지!' 하는 착각은 서로를 망하게 한다.

결혼의 원칙을 깨버린 남자

첫날밤을 치른 야곱은 자신이 상상할 수도 없는 사기를 당한 사실에 분노하며 외삼촌에게 따져 묻는다.

"외삼촌이 어찌하여 내게 이같이 행하셨나이까 내가 라헬을 위하여 외삼촌을 섬기지 아니하였나이까 외삼촌이 나를 속이심은 어찌 됨이니이까"(25절).

여기서 "어찌하여" "어찌 됨이니이까"라는 단어가 반복된다. 이는 "외삼촌이라는 사람이 왜, 어째서, 도대체, 무엇 때문에…" 하면서 극적 효과를 살려 읽으라는 뜻이다. 야곱은 화가 많이 났다. 결국 야곱은 라헬 때문에 7년을 더 일하기로 약속하고 결혼잔치 기간인 일주일을 채운다.

야곱의 결혼은 모세 율법에서 금하는 중혼(重婚)이다. 엄밀히 말하면 근친상간이다. 결혼의 원칙을 저버린 야곱의 가정은 부인들끼리 벌이는 다툼으로 조용할 때가 없었고, 아들이 계모를 범하는 불상사가 생기는가 하면, 형들이 동생을 노예로 팔아버리는 지경에까지 이른다.

"그에게는 영이 충만하였으나 오직 하나를 만들지 아니하셨느냐 어찌하여 하나만 만드셨느냐 이는 경건한 자손을 얻고자 하심이라 그러므로 네 심령을 삼가 지켜 어려서 맞이한 아내에게 거짓을 행하지 말지니라"(말 2:15).

이 말씀에는 해석의 여지가 있지만, 우리의 배우자로 하나님은 오직 하나를 지으셨고, 이는 경건한 자손을 얻기 위해서라고 가르친다. 그렇다고 배우자 한 사람만 사랑하면 무조건 경건한 자손이 생기는 것이 아니다. 결혼하는 두 사람 모두 경건을 사모해야 한다. 그러므로 외롭다는 이유로 연애하지도 말고, 나이가 찼다는 이유로 결혼하지도 말자. 하나님의 훈련 스타일은 맞춤 교육이다. 이 사람은 이렇게, 저 사람은 저렇게 훈련하신다. 결혼 역시 맞춤형이므로 결혼 적령기라는 것은 하나님 안에서 별 의미가 없다. 따라서 싱글이라는 이유로 어떻게든 연인을 만들려 하는 생각은 뚝 끊는 게 좋다.

인생의 모든 문제는 관계 정립에서 시작한다. 우선적으로 하나님에 대한 사랑을 회복하라. 그리고 마음을 가다듬고 성경이 가르치는 바를 살펴보라. 하나님은 우리에게 꼭 맞는 것을 주시는 분이다. 결혼도 마찬가지다. 나의 배우자는 하나님의 마음을 알아가는 과정에서 나타난다는 것을 기억하자.

결혼을 앞둔 이들을 위하여

창세기
24장

성경에도 〈신데렐라〉와 같은 러브 스토리가 등장한다. 솔로몬 왕과 술람미 여인의 사랑을 노래한 아가서이다. 그러나 더 이전에 쓰인 러브 스토리가 있으니, 이삭과 리브가의 사랑을 다룬 이야기가 바로 그러하다. 두 사람의 러브 스토리는 뒤이어 오실 신랑 되시는 예수님이 자신의 신부인 교회를 얼마나 존귀하게 여기시는지를 보여주는 그림이다.

그리고 우리는 이 이야기를 통해 청년들이 결혼을 어떻게 준비해야 하는지 그 지혜를 얻을 수 있다.

이삭의 여자, 리브가

아마도 아브라함은 100세에 얻은 아들 이삭을 가장 소중히 여겼을 것이다. 그러므로 이삭의 결혼은 참으로 중요한 일이었음에 틀림없다. 이삭이 리브가를 만났을 때 아브라함의 나이가 140세였으므로 이삭은 40세의 노총각이었다. 하나님은 아브라함의 범사에 복을 주셨다(1절). 그런데 이상하게도 아들의 결혼은 이루어지지 않았다. 언제 죽을지 모를 만큼, 아브라함의 나이가 찼는데 말이다.

아브라함의 고민은 어쩌면 우리의 고민이다. 하나님께서 나에게 복을 주셔서 학교도 졸업하고 좋은 공동체도 허락하셨다. 그런데 내 인생에서 가장 중요한 결혼만큼은 여전히 스탠바이 상태로 두신다. 이 문제는 하나님이 전혀 신경 쓰시지 않는다고 생각하면 조금은 야속하기도 하다. 그래서 스스로가 직접 나서는 우(愚)를 범한다.

'직장 다니고 착한 사람이면 결혼한다! 몇 번 만나봤더니, 어느 정도 끌리네. 늦는 것도 부담스러우니까, 이 정도면 됐다!'

그런데 가장 중요한 뭔가가 빠져 있다. 바로 '하나님이 뜻하시는 결혼의 기준은 무엇인가' 하는 고민이다.

아브라함을 보면, 아무리 이삭의 결혼이 급해도 하나님의 뜻을 구한다. 자기 집의 모든 소유를 맡은 종을 불러 아브라함의 허벅지 밑에 손을 넣고 하나님의 방법대로 이삭의 신부를 찾겠다고 맹세하게 한다. 가나안 여자도 안 된다고 하고, 아브라함이 떠나온 고향으로 이삭을 데려가지도 못하게 한다. 늙은 아브라함의 비장함이 이만저만 아니다.

이 같은 아버지가 또 있을까? 아들의 아내를 찾는 일인데, 정작 결혼 당사자인 아들과는 상의도 안 하고 오로지 자신의 생각만 반영한다. 그리고 여자의 경우는, 일면부지의 남자와 같이 살겠다고, 이전에 본 적도 없는 늙은이를 믿고 머나먼 길을 따라나서야 한다. 이삭의 입장에서 보면 아버지가 자신을 결혼시킬 생각이 있는 것인지 의심스러울 만하다. 그런데 하나님은 이삭의 여자, 리브가를 준비하신다.

이삭의 아내가 되기 위한 조건

여기서 우리는 결혼에 관한 중요한 기준을 발견한다.

"하늘의 하나님 여호와께서 나를 내 아버지의 집과 내 고향 땅에서 떠나게 하시고 내게 말씀하시며 내게 맹세하여 이르시기를 이 땅을 네 씨에게 주리라 하셨으니"(7절).

아브라함은 오래전에 받은 하나님의 약속을 붙들고 있다.

우리는 '그 형제' '그 자매'를 만났을 때, 하나님이 특별한 사인을 주시기를 기도한다. 서로 '필(feel)'이 꽂히기를 원하는 것이다. 원래부터 있던 말씀, 내게 주신 말씀, 내가 알고 있던 결혼에 관한 말씀은 무시한 지 오래다.

하지만 아브라함은 반세기 전 하란을 떠날 때 의지하던 케케묵은 하나님의 말씀을 붙들고 있다. 쫓기는 마음이나 흔들림 없이 노총각 아들의 결혼을 준비하는, 노인 아브라함의 의연함이 엿보이는 부분이다.

"세상이 얼마나 많이 변했는데, 과거의 고리타분한 신앙을 붙들고 살아? 말씀을 읽어라, 기도하라, 이런 것 대신 더 세련된 가르침이 필요해. 새 시대는 새 시대의 논리로 접근해야 한다고."

우리는 자주 이렇게 말한다. 그러나 시대가 변해도 하나님의 말씀은 변하지 않는다. 아무리 시시각각 변하는 시대를 살아간다 해도, 내 인생의 가장 중요한 선택은 변함없으신 하나님의 말씀에 기준해야 옳다.

"그[하나님이]가 그[의] 사자를 너보다 앞서 보내실지라 네가 거기서 내 아들을 위하여 아내를 택할지니라"(7절).

적어도 아브라함에게는 두 가지 믿음이 있다. 하나는 '여호와 이레'의 믿음이다. 이는 이삭을 바치라는 하나님의 말씀에 순종하려다가 수풀에 걸린 숫양을 발견하고 외친 신앙고백이다. '하나님이 신붓감을 준비하실 것'이라는 믿음인 셈이다. 다른 하나는 일이 형통할 것이라는 믿음이다. 7절을 보면 '택하라'는 말을 사용한다. 이는 여럿이 있을 때 사용하는 말이다. 신붓감은 여럿일 수 있지만 신부는 오직 하나이다.

어떻게 생겼는지도 모르는 남자와 살겠다고 마음을 정한 뒤에 처음 만나는 늙은 종을 믿고 무작정 길을 따라나서는 여자가 있을까? 그런 여자는 세상에 없다. 하지만 우리의 결혼 기준이 철저하게 하나님의 말씀 위에 서 있으면 그런 여자는 많을 수도 있다. 그러므로 믿음을 가져라. 시대에 맞지 않을 것 같은 아주 오래된 신앙 기준이지만, 변함없는 말씀에 따라 배우자를 찾으려 할 때 하나님이 그분의 사자를 앞서 보내실 것이다. 배타적인 기준처럼 보인다 해도 하나님의 말씀에 부합하면 나의 기준은 하나님이 책임지신다.

아브라함은 이삭에게 "가나안 여자는 안 된다"고 선을 긋는다. 하나님은 아브라함에게 가나안 여자는 안 된다고 말씀하신 적이 없다. 하란에 가서 데려오라고 말씀하신 적도 없다. 가나안에는 좋은 며느릿감이 단 한 명도 없다는 말인가? 왜 아브라함은 가나안 여자는 안 된다고 생각했을까? 그것은 아마도 아브라함이 140년의 삶을 통해 얻은 지혜가 아닐까 싶다. 아브라함이 가나안 땅을 두루 돌아다니면서 깨달은 것 중 하나는, 가나안의 딸들은 안 된다는 사실인 것 같다. 하나님이 주실 땅인 가나안의 문화도 잘 알고 있는 아름다운 여인들이지만, 그리고 어떤 이들은 정말 착했지만, 결정적으로 하나님을 알지 못하는 여인들이었다.

가나안을 약속의 땅으로 받기 위해서는, 가나안의 문화를 어느 정도 아는 여인을 맞아들이는 것이 유리할지도 모른다. 세상의 문화에도 익숙하고 세상 돌아가는 이치에도 밝으며 미모와 지성을 겸하고 있으면, 배우자로서 그만이라고 생각하는 우리 기준으로 보면 충분히 그렇다. 그런데 이것이 결혼의 기준이어서는 안 된다고 이삭의 아버지 아브라함은 말하고 있다. 이삭의 신부라면 오직 하나님을 사랑하는 여인, 순결한 믿음으로 사는 여인이어야 하는 것이다.

결혼은 매우 중요한 일이다. 그러므로 절대로 신앙을 저버릴 수 없다.

결혼, 그 심오한 의미

하나님은 남자를 '힘 지향적 존재(power-oriented being)'로 만드신 모양이다. 남자는 어린아이일 때부터 힘겨루기를 하면서 놀고 자라서도 힘을 갖고자 온갖 노력을 다한다. 그래서 남자들에게 "대체 왜 이렇게 힘이 없어?"라는 말은 절대로 해서는 안 된다. 남자에게 죽으라는 말과 다름없기 때문이다.

그러면 여자는 어떠한가? 하나님은 여자를 만드실 때, 남자에게서 가장 소중한 뼈[骨]를 사용하셨다. 그래서 여자는 '꼴값'이 아닌 '골(骨)값'을 해야 한다. 즉, 내면의 아름다움을 소중히 여길 때 더욱 아름답다. 여자는 '선(아름다움) 지향적 존재(good-oriented being)'이다. 여자는 어린아이일 때부터 화장을 하면서 논다. 특히 싱글일 때는 자신의 아름다움을 위해 씀씀이의 대부분을 투자한다. 그들의 스트레스는 아름답지 않다는 데서 오며, 평상시보다 행복해 보이는 이유 또한 그날따라 유독 잘 나온 헤어스타일 때문이다. 그래서 여자들에게 "대체 뭘 믿고 그렇게 못생겼니?"라는 말은 절대로 해서는 안 된다. 여자에게 죽으라는 말과 다름없기 때문이다.

아담과 하와는 왜 사탄의 꾐에 넘어갔을까? 사탄이 남자와 여자의 이 예민한 부분을 걸고넘어졌기 때문이다.

"너희가 그것을 먹는 날에는 너희 눈이 밝아져 하나님과 같이 되어 선악을 알 줄 하나님이 아심이니라"(창 3:5).

이 말은 곧, 남자에게는 "선악과를 먹으면 하나님처럼 전능할 수 있어"라는 말이 되고, 여자에게는 "선악과를 먹으면 하나님처럼 아름다워질 수 있어"라는 말이 된다. 사탄의 꾐에 흥분한 그들은 결국 선악과에 손을 대고 말았다.

아담과 하와는 첫 번째 죄를 지은 이후 곧바로 두 번째 죄를 저지른다. 그들은 동산 나무 뒤에 숨어 나뭇잎으로 자신들의 수치를 가렸다. 심리학에서는 이를 '커버링(covering)'이라고 한다. 그들은 수치심과 부끄러움을 가리려 했다. 수치심은 인간이 태어나면서부터 원죄로 말미암아 갖게 된 심리이다. 이는 비교의식 속에서 열등감으로 작용한다. 원죄를 가진 모든 인간은 수치심과 열등감으로 고통스러워하며 사는데, 그 정도가 다를 뿐이다.

이 같은 인간 본질의 문제는 오늘날에도 동일하게 적용된다. 죄가 있는 모든 사람은 본능적으로 자신을 가리며(covering) 산다. 너무 부끄럽기 때문에 학벌, 명예, 권력, 외모, 명품, 언변 등으로 자신을 커버링하고 산다. 커버링 된 것이 다 벗겨지면 자신의 수치가 드러날까 봐 강한 척, 안 아픈 척하면서 산다.

성경을 보면 하나님이 우리를 만나실 때, 이 커버링을 벗기는 작업을 우선적으로 하시는 것을 확인할 수 있다. 우리 인생에서 고난이 끊이지 않고, 좌절이 오며, 시련이 찾아오는 까닭은 이 때문이다. 우리는 이러한 과정을 겪으며 커버링 된 것을 벗고 민낯의 자기 자신을 찾을 수 있다. 벗었으나 부끄럽지 않고, 수치스럽지만 가리지 않아도 되는 것이다. 커버링 된 것을 벗을 때, 하나님의 사랑으로 채워진다. 남녀 관계 또한 서로를 온전히 이해할 때 아무런 문제 없이 한 몸을 이룰 수 있다.

하지만 세상 사람들은 철저하게 자신을 가리고 산다. 커버링하고 있는 문제의 본질을 해결할 수 없기 때문이다. 세상 여자들이 하나님의 아들들의 신부가 될 수 없는 까닭은 이 때문이다. 그들이 아무리 착하고 예뻐도 가나안의 여인들일 뿐이다.

결혼은 우리에게 신비로운 영적 의미가 있다. 그리스도의 신부가 되어야 할 우리는, 죄에서 비롯된 커버링을 벗겨내기 위해 하나님의 말씀에 순종하며 준비하는 자세로 살아야 한다. 성경은 이것이 그리스도의 신부가 갖춰야 할 기준이라고 말한다.

돕는 배필 신드롬

창세기
2장

'신드롬(syndrome, 증후군)'이란 어떤 특정한 질환이나 장애로 인해 발생하는 병적 징후를 일컫는 말이다. 증세로 볼 때는 어느 정도 일관성이 있으나 특정한 병명을 붙이기에는 애매모호한 상태를 가리킬 때 사용된다.

청년들에게 고질적으로 나타나는 증상 가운데 하나로, '돕는 배필 신드롬'이 있다. 자신의 배우자를 찾는 집착이 거의 병적이어서 붙여본 것이다. 그리고 보편적으로 누구나 걸리니 '증후군'이라 할 만하다. 창세기 2장은 이 증후군에 아주 중요한 처방을 내리는데, 돕는 배필을 찾는 데 큰 도움을 얻을 수 있다.

하나님은 아담을 지으신 후 "사람이 혼자 사는 것이 좋지 아니하니 내가 그를 위하여 돕는 배필을 지으리라"고 하셨다. "돕는 배필"이란 집을 지키는 사람이나 가정부가 아니다. '배필'은 히브리어로 '에쩨르'인데, 이는 '바라보다, 마주 대하다(네게도)'라는 의미로서 '~같이, ~처럼(케)'의 조사가 붙은 형태로 쓰인다. 뜻을 풀면 '그를 마주 보는 것처럼 돕는 자'이다. 밑에서 돕거나 어둠 속에서 아무도 모르게 돕는 자가 아니라, 반드시 마주 보는 자리에서 돕는 자이다. 여기에는 남편은 아내를 돕고, 아내는 남편을 돕는, 상호 의존적인 관계라는 의미가 담겨 있다. 하나님은 그런 배필을 만들고자 하셨다.

하나님은 혼자 살면 외롭기 때문에 배필을 만드신 것이 아니다. 돕는 배필에는, 각각의 사람은 도움을 필요로 하는 존재라는 의미가 담겨 있다. 그것을 인식할 때 우리는 돕는 배필이 될 수 있고, 돕는 배필로서 상대방을 인정하고 받아들일 수 있다. 사랑은 하나님이 의도하신 일련의 상황 속에 있을 때에만 성립된다.

돕는 배필을 만나기 위해 성경이 제시하는 몇 가지 기준을 살펴보자.

기준 1: 사명의 자리에 있어라

하나님은 사람을 만드시고 그저 "숨만 쉬고 놀라"고 하시지 않았다. "사람이 독처하는 것이 좋지 못하다('not good'이라 하셨으며 'not bad'라 하시지 않았다)"라고 하시고, 아담에게 각종 들짐승과 공중의 새들, 즉 각 생물의 이름을 짓게 하셨다(18-20절). 하나님은 왜 배필을 바로 만들어주시지 않고 이 같은 일을 시키셨을까?

"아담이 무엇이라고 부르나 보시려고"(19절) 그리하셨다고 한다. 이는 곧, 하나님은 사람을 그냥 만드신 것이 아니라 '무엇을 하도록' 창조의 목적을 두고 만드셨다는 말이다. 이것이 아담에게 처음 부여된 사명이었다.

이름을 짓는다는 것은 그 존재의 정체성을 규명하는 작업이다. 실제로 이름은, 그 존재가 자리에 없어도 그것을 규명해준다. 아담에게 이름을 짓도록 하신 하나님의 의도 또한 바로 이것이다. 아담은, 하나님이 만드신 짐승들이 암수로 짝을 이루어 존재한다는 사실과, 각각의 모든 피조물이 그 자체로 유일한 피조물이라는 사실을 보며, 창조의 신비를 깨달았을 것이다. 그리고 아담은 하나님이 맡겨주신 사명을 수행하면서 자신에게 배필이 필요하다는 사실을 알게 되었을 것이다. 그 후에 하나님은 아담을 잠들게 하시고 그의 배필 하와를 만드신 후, 그 둘을 만나게 하신다.

아담이 배우자의 필요성을 느낀 자리는, 사명의 자리이다. '사명(使命)'이란, 하나님이 하라고 하신 일, 내가 목숨 걸고 해야 할 일이다. 또한 사명은 그 일이 무엇인지를 찾아내는 것으로 끝나지 않고, 배우자를 만나 함께할 무엇을 규명해 나아가는 것까지 포함한다. 그렇게 하려면 삶의 가치를 발견해야 하며, 사활을 걸고 지킬 것은 지키고, 처분할 것은 과감하게 처분해야 한다. 하나님은 이런 작업 가운데 돕는 배필을 찾도록 하신다. 그래서 사명을 찾아 규명해갈 때 가장 빨리 배우자를 만나게 된다. 성경적인 결혼은 반드시 사명이 규명되는 작업을 통해 성립한다. 자신의 사명을 발견하지 못했다면 배우자를 만날 준비가 안 된 것이다.

그런데 많은 젊은이들이 자신의 사명을 규명하는 작업을 하지 않는 것 같다. 돈만 벌 수 있으면 주일에도 아르바이트를 하고, 좋은 점수를 얻기 위해 해서는 안 되는 일도 서슴지 않고 한다. 즐거움을 주는 것이면 비도덕적이어도 거절하지 않고, 화가 나면 해서는 안 되는 일도 저지른다. 되는대로 학교생활을 하고, 무엇을 위해 어떻게 살아야 하는지 진지하게 고민 한번 하지 않은 채 그저 나이가 되면 결혼하고, 끌리는 사람이 있으면 사랑이라 말하면서 혼전 성관계를 갖는다.

청년들은 자신의 정체성을 규명하는 훈련부터 다시 시작해야 한다. 그것이 곧 사명을 발견하는 작업이다. 우리는 하나님의 말씀으로 세상을 규명하고, 자신을 규명하며, 현실을 규명해야 한다. 잡다한 정보와 회자되는 이슈를 하나님의 말씀으로 규명해야 하는 것이다. 이러한 작업은 결코 헛되지 않으며 배필을 만나기 위한 진행 과정이다.

기준 2: 죽을 만큼 희생하라

돕는 배필을 얻기 위해서는 죽을 만큼 희생해야 한다. 예수님이 교회에 하신 것처럼 배우자를 향한 희생과 인내가 있을 때, 하나님이 뜻하시는 배필을 얻을 수 있다.

“여호와 하나님이 아담을 깊이 잠들게 하시니 잠들매 그가 그 갈빗대 하나를 취하고 살로 대신 채우시고 여호와 하나님이 아담에게서 취하신 그 갈빗대로 여자를 만드시고 그를 아담에게로 이끌어오시니"(21-22절).

아담은 하와를 얻기 위해 죽음과 같은 깊은 잠에 빠져야 했다. 왜 하나님은, 흙이 아닌 남자의 갈빗대를 취해 여자를 만드셨을까? 남자와 여자는 본질적으로 하나라는 교훈을 주시기 위해서이다. 다른 동물들은 둘씩 만드셨다. 그리고 어떤 수컷은 여러 암컷을 거느리기도 하고, 새끼를 낳은 뒤에는 암수가 따로 살기도 한다. 하지만 사람은 그렇게 살 수 없다. 남자와 여자는 본래 하나이므로 나눌 수도 없고 나뉘어도 안 된다. 이 사람 저 사람과 만나는 행위, 곧 '연애는 연애이고 결혼은 결혼이다'라는 사고는 자신을 짐승과 동일시하는 것이다.

"남편들아 아내 사랑하기를 그리스도께서 교회를 사랑하시고 그 교회를 위하여 자신을 주심같이 하라 이는 곧 물로 씻어 말씀으로 깨끗하게 하사 거룩하게 하시고 자기 앞에 영광스러운 교회로 세우사 티나 주름 잡힌 것이나 이런 것들이 없이 거룩하고 흠이 없게 하려 하심이라"(엡 5:25-27).

형제들이여, 자매의 거룩함과 순전함을 위해 자매를 죽도록 사랑하라. '자신을 줌'과 같이 하는 남자들의 사랑과 인내, 헌신이 없이는 위대한 아내가 탄생할 수 없다.

그리고 돕는 배필에 대한 신드롬을 깨라. 우리는 '돕는 배필 증후군'을 치료해야 한다. 최고의 형제, 최고의 자매를 찾고 있다면 방향부터 점검하는 것이 좋다. 결혼은 '만남'이 아니라 '언약'이다. 주님과 교회의 관계에 있는 언약이다. 주님은 그분 자신을 온전히 내어

주심으로 교회를 교회 되게 하시고, 교회는 죽기까지 충성함으로써 그리스도의 신부가 되는 언약 관계인 것이다. 그래서 돕는 배필을 얻으려면, 서로를 향해 죽음과도 같은 인내와 헌신이 요구된다. 죽을 만큼 희생할 때 진정한 아내를 얻고, 죽을 만큼 순종할 때 진정한 남편을 얻는다.

기준 3: 떠나고 연합하라

"이러므로 남자가 부모를 떠나 그의 아내와 합하여 둘이 한 몸을 이룰지로다"(24절).

결혼은 부모로부터 남자가 떠나는 것이다. 아내와 연합하고 한 몸을 이루는 것이다. 완전히 단절되는 것이 아니라 육체적, 인격적으로 부모로부터 지속적으로 독립해야 한다는 뜻이다.

결혼은 돕는 부모로부터 '떠남'을 선언하는 신앙의 결단이다. 돕는 배필과 하나 되어야 하는 작업이기에 아픔도 있는데, 그렇게 해야만 자녀를 돕는 또 다른 부모가 될 수 있다. 그리고 하나님은 이 같은 방식으로 우리가 이 땅에서 생육하고 번성하기를 원하신다. 여기에는 자신을 돕는 배필을 세상 누구보다도 사랑해야 한다는 전제가 깔려 있다. 배필보다 더 친밀한 관계가 있어서는 안 되며, 온전한 위로와 사랑 또한 배필과 누리도록 해야 한다. 그렇게 할 때 '검은 도움'의 유혹에서 벗어날 수 있다.

이는 영적으로 우리의 신앙에 직결되는데, 우리는 오직 신랑 되신 예수님만 사랑해야 하기 때문이다. 세상의 유혹에서 이기는 길은 보혜사로 함께하시는 그분을 사랑하는 방법뿐이다. 우리는 예수님과 온전히 연합될 때 생육하고 번성한다.

"나는 포도나무요 너희는 가지라 그가 내 안에, 내가 그 안에 거하면 사람이 열매를 많이 맺나니 나를 떠나서는 너희가 아무것도 할 수 없음이라"(요 15:5).

아직까지도 누가 내 배우자인지 몰라서 답답한가? 도대체 어떤 배우자를 만나야 할지 고민스러운가? 과연 나를 위한 배우자가 있는지 의심스러운가?

모든 질문을 내려놓고 하나님의 뜻을 경청하며 돕는 배필에 대한 기준부터 가슴에 담아두자. 그리고 배우자를 위해 기도하자. 분명히 알아야 할 것은, 강청기도가 아닌 중보기도이다. 배우자는 어딘가에 있다. 그를 위해 중보 하는 가운데 만남과 결혼으로 이어지는 삶의 과정에서, 주님이 주시는 참행복을 누리기를 바란다.

하나님이 뜻하시는 배우자를 만나는 7가지 성경 원칙

제1원칙: 사명의 원칙

배우자는 사명의 자리에서 만난다(창 2:18-20). 하나님은 '돕는 배필을 지으리라'고 작정하신 다음에 제일 먼저 아담에게 각종 들짐승과 공중의 새들, 각 생물의 이름을 짓게 하셨다(첫 번째 사명). 그리고 바로 그 자리에서 돕는 배필이 필요하다는 사실을 알게 하시고, 하와를 만나게 하신다. 아담은 그렇게 만난 하와에게 최고의 사랑을 고백한다. 돕는 배필은 '나의 사명을 함께 나누고 돕는' 사람이다.

제2원칙: 기다림의 원칙

최고의 배필을 얻기 위해서는 죽을 만큼 인내해야 한다(창 2:21). 갈빗대 하나를 취하는 것은, 아담에게 엄청난 고통이 따르는 일이었다. 흔히 말하는 '느낌이나 감정'은 좋은 배우자를 만날 수 있는 방법이 아니다. 남자와 여자는 원래 하나이기 때문이다. 남편과 아내의 하나 됨을 주께서 교회를 위하여 죽으신 것에 비유하면서, 이는 흠이나 티가 없는 교회가 되게 하기 위함이라고 말한다(엡 5:25-27). 좋은 배우자를 만나기 위해서는 기다림과 인내가 필요하다.

제3원칙: 독립과 연합의 원칙

독립과 연합이 있어야 한다(창 2:24). "남자가 부모를 떠나"라는 말씀은 미완료형이고, '합하다' '이루다'라는 말은 완료형이다. 부모로부터의 지속적인 '떠남'을 통해 남녀가 온전히 하나가 된다. 여기서의 '떠남'은 단절이 아닌 육체적, 인격적, 사회적 독립을 뜻한다.

제4원칙: 말씀의 원칙

배우자 선택의 기준은 철저하게 말씀이어야 한다(창 24:7). 아브라함은 아들의 배우자를 찾을 때 하나의 기준을 세우고 늙은 종의 맹세를 받는다. 바로 하나님의 말씀이었다. 한 번도 본 적이 없는 사람과 살기 위해, 처음 보는 늙은이를 따라, 한 번도 가본 적 없는 길을, 자원하는 마음으로 따를 수 있는 여자는 세상에 없을 것이다. 그러나 하나님의 말씀을 붙드는 사람에게는 가능한 일이다.

제5원칙: 기도의 원칙

배우자는 기도하면서 찾아야 한다(창 24:12). 아브라함의 늙은 종은 자기 마음대로 여인을 찾지 않았다. 목적지에 당도하자마자 하늘의 하나님께 기도를 드렸다. 기도를 마치기도 전에 하나님이 예비하신 신부가 그를 향해 다가왔다(창 24:15). 배우자를 위해 기도할 때는 강청기도가 아니라 중보기도를 해야 한다. 어디선가 준비되어가고 있음을 믿고 날마다 그(그녀)를 위해 기도한다.

제6원칙: 정결함의 원칙

좋은 배우자를 맞기 위해서는 정결함과 성실함, 이웃 사랑으로 준비되어 있어야 한다(창 24:16-20). 리브가는 순결하게 자신을 지킨 여인이었다(16절). 성실함도 습관화되어 있었다(20절). 해야 하는 일을 성실하게 수행하는 태도는 자신의 배우자를 만나는 지름길이다. 뿐만 아니라 리브가는 다른 사람을 섬기며 배려했다(18-19절). 그녀는 마지못해 나그네의 부탁을 들어준 것이 아니라, 자원하는 마음으로 정성을 다해 이웃 사랑을 실천했다(20절).

제7원칙: 태도 우선의 원칙

하나님의 뜻을 이루어가는 것은 확신이 아닌 태도의 문제이다(24:17, 28-29). 이삭의 아내를 찾는 일에 있어 아브라함의 종과 리브가, 오빠 라반은 모두 '달린다'. 하나님의 뜻을 분별하는 일에서 중요한 것은 하나님의 뜻인지 아닌지를 확신하는 것이 아니라, 하나님의 뜻을 이루어나가는 태도라는 것을 말해주는 부분이다. 배우자를 찾고 있다면 하나님의 뜻 안에서, 앞서 언급한 여섯 가지 원칙을 잘 지키는지, 자신의 태도와 자세를 점검해보자. 중요한 것은 누가 나의 배우자인가에 대한 확신이 아니라 그 과정에서 이루어지는 나의 태도이다.

두려움 일곱 번째 이야기

예배

"더 이상 예배의 의미를 못 찾겠어요…."

열납 되는 예배

창세기
4장

한 번도 문명을 접한 일이 없는 아마존의 어떤 원주민이 우리나라에 와서 예배에 참석했다고 가정해보자. 그는 아마도 예배를 다음과 같이 정의하지 않을까 싶다. 일어났다가 앉는 것을 반복하는 것, 함께 노래하는 것, 한 사람이 하는 말을 모두가 듣는 것, 눈을 감았다가 뜨는 것 등등. 왜냐하면 그에게 있어서 예배란 눈으로 보이는 그 이상도 이하도 아니기 때문이다.

매주 반복되는 예배는 우리를 자칫 매너리즘에 빠지게 한다. 시간이 갈수록 하나님도 알고 예수님도 알게 되지만, 예배의 형식과 결과를 모두 뻔히 알고 있기 때문에 예배에 대한 기대가 없어져 침체되고 만다. 하나님은 분명 살아 계신데도, 왜 그분의 임재가 느껴지지 않는 것일까?

성경이 말하는 예배의 의미를 살펴봄으로써 예배의 정체성을 회복하도록 하자.

두 형제의 예배

아담과 하와는 죄를 짓고 에덴동산에서 쫓겨난 뒤 '가인(얻은 자)'을 낳았다.

"아담이 그의 아내 하와와 동침하매 하와가 임신하여 가인을 낳고 이르되 내가 여호와로 말미암아 득남하였다 하니라"(1절).

여기서 하와는 가인이 매우 귀한 아들이라는 티를 낸다. 어쩌면 가인을 낳을 때, '여자의 후손이 뱀의 머리를 상하게 할 것'이라는 말씀을 기억했을지도 모른다. 그래서 가인이 뱀의 후손을 찾아내어 머리를 부서뜨리면 에덴동산으로 돌아갈 수 있다고 기대했을지도 모른다. 하와는 죽을 것 같은 산고를 겪었을 것이다. 결국 무사히 출산했으니 여호와의 도우심으로 낳게 되었다고 말할 법하다.

반면 아벨에 대해서는 그냥 낳았다고 말할 뿐이다.

"그가 또 가인의 아우 아벨을 낳았는데 아벨은 양 치는 자였고 가인은 농사하는 자였더라"(2절).

아벨의 출생에 대한 표현은 이게 전부이다. 가인은 귀하고 아벨은 덜 귀한 것처럼 보인다. 세월이 흘렀다. 가인은 농사짓는 자로 컸고, 아벨은 양 치는 자로 자랐다. 2절에서 번역된 "양"이라는 단어는 양뿐만 아니라 여러 종류의 가축을 의미한다.

어느 날, 형제가 하나님께 예배를 드린다. 가인은 땅의 소산으로, 아벨은 양의 첫 새끼와 그 기름으로 드린다. '첫 새끼'는 '처음 난 것'이기도 하지만, '가장 좋은 것' '우두머리'라는 의미도 있다. 《*New International Version*》 성경에서는 "그의 양 떼의 첫 새끼 몇 마리로부터 얻은 기름진 부분들(fat portions from some of the firstborn of his flock)"이라 번역하고, 《*The Living Bible*》에서는 "그의 가장 좋은 어린 양들로부터 얻은 고기의 기름진 조각들(the fatty cuts of meat from his best lambs)"이라고 번역한다. 어떤 역본을 선택하든 아벨이 가인과 달리 마음을 다해 구별하여 하나님께 좋은 것으로 드렸다는 뜻을 담고 있다.

하나님은 아벨과 그의 제사는 받으시고, 가인과 그의 제사는 받으시지 않았다. 이에 가인은 심히 분하여 안색이 변한다. 그러자 하나님이 "네가 분하여 함은 어찌 됨이며 안색이 변함은 어찌 됨이냐 네가 선을 행하면 어찌 낯을 들지 못하겠느냐"라고 책망하신다. 이 같은 말에 가인은 화가 머리끝까지 났다. 그래서 어느 날 동생 아벨이 들에 있을 때 그를 쳐 죽인다. 이 사건을 계기로 가인은 하나님을 떠나 영원히 세상길로 간다.

여기서 우리는 예배가 하나님께 드려지지 않자 가인의 삶 역시 망가졌다는 사실을 분명히 새길 필요가 있다.

매너리즘에 빠진 예배

우리가 의식하지 못할 뿐 우리 역시 예배에 자주 실패한다. 그래서 우리 삶의 자리도 망가진다. 이런 의미에서 가인의 이야기는 오늘을 사는 우리의 이야기가 된다. 왜 가인이 아벨을 죽였을까? 일차적으로는 그의 예배가 거절당했기 때문이다. 아벨이 아니라 예배 때문이다. 그렇다면 왜 하나님으로부터 거절당했을까? 그의 삶에서 나타나는 악 때문이었다(7절).

예배란 무엇인가? 예배란 자신의 삶을 제의적 행위로 드러내고 고백하는 것이다. 가인의 이야기에서 알 수 있듯이 예배는 제의적 행위, 그 자체만을 의미하지 않는다. 그래서 삶이 없는 예배는 예배가 아니다. '자신의 것을 드림으로 하나님의 것을 받음.' 바로 이것이 예배의 본질이다.

그럼에도 많은 청년들이 주일에 치러야 할 시험이 있거나 다른 중요한 일정이 생기면, 예배를 아주 간단히 드린 뒤 나름의 죄책감을 털어내고 '중요한 일'을 하기 위해 가버린다. 그러나 예배는 그저 자리에 앉아 있는다고 해서 완성되는 것이 아니다. 예배를 아무리 많이 드린다 해도 매번 그런 식이라면 하나님은 예배를 한 번도 받으신 적이 없다고 할 것이다. 참석만 하는 예배는 종교 활동이요 종교 체험에 불과하다.

그러면 우리는 어떠한 예배를 드려야 할까? 나의 삶을 제의적 행위로 드러내고 고백하는 예배를 드려야 한다. 물론 우리는 죄악으로 물들어 있지만, 성경은 예배에 대해 '나의 선함'이 아니라 '나의 악'을 내어놓는 작업이라 가르치고 있다. 예수님의 보혈을 의지하여 나의 악함을 진솔하게 내어놓고 그분의 '용서'와 '선함'을 나의 삶에 채우는 것이 예배이다.

가인은 형식적인 예배는 드렸을지 모르나 그 속에 있는 악은 내어놓지 않았다. 그래서 자신을 하나님의 선함으로 채우지 못했다. 가인은 예배에 실패했다. 예배에서 하나님을 만나지 못해 하나님의 것으로 자신을 채우지 못하면, 그 속에는 악만 남는다. 그러면 삶의 힘은 악이 될 수밖에 없고, 악으로 살다 보면 당연히 죄를 짓게 된다. 다시 말해 나의 예배가 열납 되지 못할 때, 내 속에 있던 악은 거절감이 되고, 이는 나의 분노와 증오로 드러나 다른 사람, 또 다른 하나님의 형상을 미워하게 된다.

열납 되는 예배의 조건 1: 처음 것은 하나님의 것

예배에서 가장 중요한 것은 말씀도 기도도 예전(禮典)도 아니다. 예배를 예배 되게 하는 가장 중요한 기준은 '예배가 열납 되었는가, 열납 되지 않았는가?'이다. '열납(悅納)'이란, '기쁘게 바치다' 혹은 '기쁘게 받다'라는 의미이다. 따라서 예배에서 가장 중요한 것은 하나님이 예배를 받으시는 것이다. 열납에 문제가 생기면 말씀이 있고, 기도가 있고, 예전이 훌륭해도 더 이상 예배가 의미 있게 다가오지 않는다. 예배에 실패하면 남는 것은 죄밖에 없다. 가인은 예배에 실패하여 살인을 저지르게 되었다.

가인과 아벨이 드린 예배를 살펴보면, 그들의 예배는 '속죄제'라기보다는 '감사제'의 의미를 더 많이 담고 있다. '민하(제물)'라는 단어가 원래 '선물'이라는 뜻이기 때문이다. 그런데 감사히 여기는 두 사람의 마음에는 차이가 있었다. 가인은 추수한 것이 감사하여 소산 가운데 아무것이나 가져와서 예배를 드렸다. 이는 하나님께 대한 인격적인 감사가 아니라, 우리 선조들이 하던 것처럼 단순한 종교심을 가지고 제사를 지낸 것과 같다. 구별해서 드리는 마음이 없었다. 반면 아벨은 자신의 모든 소유 가운데 구별하여 '첫 새끼'를 드렸다. 그리고 모든 것이 하나님의 것이라는 사실을 인정하는 '구별됨'이 그의 예배를 열납 되게 했다.

단순히 소산 중 하나를 드린다고 하여 열납 되는 예배가 될 수는 없다. 십일조도 마찬가지다. 소득의 10분의 1을 계산해 드리는 것이 신앙이 아니다. 십일조는 모든 것이 하나님께로부터 왔다는 신앙고백이다. 그러므로 정확히 10분의 1을 구별하는 개념보다 자원하고 감사하는 마음이 우선될 때 신앙고백이 된다.

성경은 처음 나거나 익은 것을 구별하여 여호와께 돌리도록 거듭 가르친다.

"이스라엘 자손 중에서 사람이나 짐승을 막론하고 태에서 처음 난 모든 것은 다 거룩히 구별하여 내게 돌리라 이는 내 것이니라 하시니라"(출 13:2).

"네 재물과 네 소산물의 처음 익은 열매로 여호와를 공경하라"(잠 3:9).

내게 주어진 것이 내가 획득한 것이 아니라 하나님이 주신 것이라는 고백, 이것이 구별이다. 그리고 이는 결국 나를 위한 것이다. 구별하여 바치라고 하신 이유는 '첫 새끼(가장 귀한 것)'라는 개념을 사용하여 우리를 입히시고 채우시기 위함이다. 첫 것을 가지고 하나님께 나아가는 것은 "모두 하나님의 것입니다!"라고 신앙고백을 하는 예배인 것이다.

그러므로 예배의 의미를 깨닫지 못할 때는 '내 예배가 구별되었는가' 하는 점검을 가장 먼저 해야 한다. 이러한 구별됨에는 나에게 복을 주시고자 하는 하나님의 의도가 숨어 있다. 예배의 가치를 발견하지 못한다는 것은, 제의적 예배만 남아 있고 예배에 담긴 하나님의 마음을 헤아리지 못하는 것이다.

예배의 가치를 회복하기 위해 구별하는 데 힘을 다하라. 그러면 하나님께 열납 되는 예배를 드릴 수 있다. 그냥 나와 앉아 있는 것은 예배가 아니다. 예배에 지각하거나 늦게 오면서 커피까지 들고 오는 것은 예배가 아니다. 이는 첫 시간을 구별하지 않은 것이다. 또한 예배는 관람이 아니다. 시험을 이유로 예배 자리에 잠시 있다 가는 것은 구별되지 않은 예배이다. 예배를 드리기 위해 자신의 마음과 시간, 물질은 물론 삶 자체를 구별해야 한다. 그렇지 않으면 예배를 드린 이후의 가인처럼 죄를 향해 달려가게 된다. 구별하지 않은 예배로 말미암아 나의 인생이 망가질 수 있다.

열납 되는 예배의 조건 2: 죄인의 고백 위에 선 감격과 기쁨

아벨은 '양의 첫 새끼와 그 기름'으로 예배를 드렸다. 히브리서는 이를 다음과 같이 해석한다.

"믿음으로 아벨은 가인보다 더 나은 제사를 하나님께 드림으로 의로운 자라 하시는 증거를 얻었으니 하나님이 그 예물에 대하여 증언하심이라 그가 죽었으나 그 믿음으로써 지금도 말하느니라"(11:4).

아벨은 죄를 가지고는 하나님께 나아갈 수 없다는 사실을 알고 있었다. 그래서 양을 잡아 그 피와 기름, 즉 '죽음'으로 자신의 죄를 가리고 나아갔다. 아벨의 제사에는 "나는 하나님 앞에서 쫓겨난, 버림받은 죄인입니다. 하나님의 긍휼이 없이는 살 수 없습니다"라는 고백이 담겨 있다. 가인의 제사에는 없는 것이었다.

열납 되는 예배를 드리기 위해 반드시 기억해야 하는 것은 예수 그리스도가 흘리신 십자가의 보혈이다. 원래 우리는 죄 때문에 하나님 앞으로 나아갈 수 없지만, 예수님의 피 흘리심에 의해 나의 죄를 용서받았으므로 하나님께 갈 수 있게 되었다. 우리는 예수 그리스도의 보혈의 능력에 의지하여 예배를 드린다.

예배의 자리에는 감격과 기쁨으로 나아가야 한다. 나의 경건생활이 주는 기쁨, 신앙의 체험에서 오는 감격은 예배에 쓰는 용품이 아니다. 예배를 위해 준비되어야 하는 것은 구원받은 감격, 성령이 함께하시는 기쁨이다. 다른 것으로는 하나님께 나아갈 수 없다. 예배는 내 죄를 덮어주신 주의 보혈에 감격과 기쁨으로 응답하는 일이다. 그리고 이 기쁨을 근거로 할 때 비로소 그 외의 다양한 기쁨이 예배에 드려지면서 열납 되는 예배가 가능해진다. 그러므로 반드시 죄인 된 고백 위에 감격과 기쁨을 충만하고 견고히 세워야 한다.

열납 되는 예배의 조건 3: 하나님이 받고 싶어 하시는 것

하나님은 가인의 제물만이 아니라 그의 삶 역시 열납하시지 않았다(4-5절). 가인은 자신의 제물이 열납 되지 않자 몹시 화를 냈다. 우리가 드리는 것과 하나님이 받고 싶어 하시는 것의 차이가 여기에 있다. 우리는 제물을 드리는 것으로 만족하지만, 하나님은 제물과 더불어 우리의 삶까지 받고 싶어 하신다.

"네가 선을 행하면 어찌 낯을 들지 못하겠느냐 선을 행하지 아니하면 죄가 문에 엎드려 있느니라 죄가 너를 원하나 너는 죄를 다스릴지니라"(7절).

가인은 자신이 죄인 됨을 인정하지 않은 채 예배를 드렸다. 성경의 기록이 '가인과 그 제물'인가, 아니면 '그 제물과 가인'인가? '가인과 그 제물'이다. 가인의 삶 때문에 그의 예배가 열납 되지 않았다는 뜻이다. 그에 반해 아벨의 제사는 그의 삶 때문에 하나님께 열납이 되었다. 하나님은 나 자신과 내 삶을 받고 싶어 하신다. 나의 삶에 선이 없으면 하나님은 나의 예배를 받으시지 않는다.

헌금을 드릴 때 역시 헌금만 드려지는 것이 아니라 나 자신과 나의 삶이 드려진다. 고린도후서 8장은, 예루살렘 교회 지역의 기근으로 성도들이 고생한다는 소식에 마게도냐 교인들이 어려움 가운데에도 최선을 다해 헌금하는 모습을 보여준다. 바울은 그 모습을 보며 다음과 같이 칭찬한다.

"그들이 먼저 자신을 주께 드리고 또 하나님의 뜻을 따라 우리에게 주었도다"(고후 8:5).

예배이든 헌금이든 하나님께 드리는 것은 우리의 삶을 드리는 것이다.

악인은 예배를 안 드리는 사람이 아니라 열납 되지 않는 예배를 드리는 사람이다. 삶을 제대로 점검하지 않으면 우리는 열납 되는 예배를 드릴 수 없다.

열납 된 예배의 증거

나의 예배가 열납 되었는지, 열납 되지 않았는지 어떻게 알 수 있을까? 열납 된 예배는 하나님의 임재로 나타난다. 하나님은 예배 가운데 이루 말할 수 없는 감동과 도전, 기쁨을 가지고 다가오신다. 예배를 드리는 동안 마음속의 염려나 근심, 분노 등 갖가지 생각이 깨끗하게 씻기면서 정리가 된다. 걱정스럽고 답답하며 짜증이 솟던 마음에 한 줄기 빛이 비치는 것 같다. '하나님 앞에서 이러저러하게 살아야겠다'라는 생각이 들면서 가슴이 뜨거워진다. 예배가 열납 되었다는 증거이다.

성경은 열납 된 예배의 증거를 어떻게 말하고 있을까? 엘리야는 450명의 바알 선지자들과 대결할 때 예배라는 도구를 사용했다. 그때 나타난 열납 된 예배의 증거는 하늘에서 내려온 불이다. 이 불은 종교적 열심이 아닌 하나님의 말씀에 순종함으로써 임했다.

예배가 열납 되면 하나님이 나의 삶에서 함께하실 것이라는 확신의 불이 임하고, 민족과 열방을 향해 그리스도를 증거하고 싶은 사명의 불이 임한다. 그리고 열납 된 예배를 드릴수록 하나님과 세상 앞에서 삶의 열매가 더욱 풍성해진다.

주의 이름을 부르는 인생

창세기 4장

천한 이름을 지으면 병마가 비켜가 오래 산다는 말이 있다. 물론 근거 없는 속설이다. 하지만 우리 조상 적만 해도 이를 믿고 귀한 자식의 이름을 '개똥이'라고 천박하게 짓기도 했다. '김수한무거북이와두루미…'와 같이 이름이 길면 무병장수한다는 말도 같은 맥락이다. 딸이 많은 집에서는 딸에게 '꼭지'나 '말녀'와 같은 이름을 지어 아들이 태어나기를 바라기도 했다. 모두 근거 없기는 하나 이름이 그만큼 중요하다고 여겼기 때문에 행해진 것이다.

아내는 교회에서 나에게 "목사님"이나 "저기요"라는 호칭을 쓴다. 하지만 위급한 상황이 벌어지면 아내 자신도 깨닫지 못할 만큼 바로 "오빠"라고 부른다. 또 하기 싫은 일을 해야 하거나 원하는 것이 있을 때는 "자기야"라고 부른다. 그러면 나는 빨래에 화장실 청소까지 다 한다. 당시에는 몰랐는데, 엄마가 아빠에게 "자기야"라고 하면 모든 것이 이루어진다는 사실을 딸아이가 알게 된 모양이다. 텔레비전을 보던 아이가 갖고 싶은 인형이 나오자 내게 다가와 이렇게 말했다.

"저기 자기야, 저거 사주면 안 돼요?"

운명을 결정하는 이름

주님은 항상 그분 자신의 이름을 백성들에게 가르쳐주고 싶어 하신다. 그분의 이름을 부르는 순간 우리의 정체성이 결정되기 때문이다.

창세기 4장에는 우리의 구원과는 별 상관 없어 보이는 가인의 후예들 이름이, 아주 자세하게 나온다. 그런데 그들 중 단 한 명도 하나님의 이름을 부르지 않았다.

가인의 자손 에녹은 최초로 자기 이름으로 성을 가진 자가 되었고, 라멕은 최초의 카사노바로서 두 명의 아내를 얻었다. 야발은 농경문화의 조상이 되었고, 유발은 악기 연주의 조상이 되었다. 두발가인은 철강 산업의 선구자가 되었고, 두발가인의 누이 나아마는 그 이름이 '굉장히 예쁘다'라는 뜻으로 오늘날의 연예인과 같은 역할을 했다.

왜 성경은 구원과 전혀 관계없는 이들의 이름을, 업적과 함께 꼼

꼼히 기록하고 있을까? 창세기 4장은 믿음의 후손과 세상 사람이 갈라지는 지점이다. 믿는 사람과 세상 사람의 차이가 나타난다. 가인의 후손들은 자신의 이름으로 당대 최고의 사람들이 되었다. 반면에 성경이 말하는 믿음의 후손은 세상에서 전혀 두각을 드러내지 못했다.

아벨이 맞아 죽은 까닭에 하나님은 아벨 대신에 셋을 주셨는데, 족보에는 그들의 업적과 관련한 기록이 없다. 단지 셋의 아들 에노스 때에 여호와의 이름을 불렀다고 말할 뿐이다(26절). 자신의 이름으로 최고의 삶을 영위하거나 아무런 업적이 없는 가운데 하나님의 이름을 부르는 삶, 이렇게 둘로 나뉘었다.

그런데 후손들을 보면 그 나중은 완전히 역전된다. 창세기 7장으로 가면, 자기 이름을 내면서 세상에서 출세하는 것 같던 가인의 후손은 모두 망하고 만다(22절). 노아의 홍수 때 전부 죽고, 그들의 업적 또한 사라진다. 그에 반해 여호와의 이름을 부르던 아벨의 자손은 수도 적고 초라한 인생이었지만, 세상의 모든 족속이 죽는 순간에도 살아남는다.

무엇이 이들의 운명을 결정지었을까? 바로 '어떤 이름을 부르며 살았는가'이다. 하나님의 이름을 부른다는 것은, 내 삶의 소망이 하나님께 있음을 고백하며 예배하고, 자신의 정체성을 하나님 안에서 찾으며, 하나님의 영광을 위해 하나님을 의지하면서 산다는 뜻이다. 어떤 이름을 의지하느냐에 따라 누군가는 죽음을 맞고 누군가는 생명을 선물로 받는 것이다.

무엇을 하든 주의 이름과 영광을 위하지 않고 나의 이름과 영광을 위한 것은 물거품이 된다. 하나님을 예배하고 그분의 이름을 위해 살아야겠다는 방향을 분명히 하지 않은 채 세상과 교회에 양다리를 걸치면 안 된다. 양다리를 걸친 삶이란, 예수를 잘 믿음으로써 자신의 이름을 내고 자신의 영광을 드러내고 싶어 하는 것이다. 모두가 부러워하는 성공한 삶을 꿈꾸는 것은 가인의 후손이 보여준 삶의 모습이다. 성경은 이 같은 사람들을 향해 "주인이 더디 오리라 하여 동료들을 때리며 술친구들과 더불어 먹고 마시게 되면 생각하지 않은 날 알지 못하는 시각에 그 종의 주인이 이르러 엄히 때리고"(마 24:48-51)라고 말한다. 여기서 '엄히 때린다'는 말은 '때린 데를 또 때려서 아프게 하다'라는 뜻이 아니라 '두 동강을 내다'라는 의미이다.

그러나 하나님의 이름을 부르는 사람, 하나님의 이름을 예배하고 드러내고 싶어 하는 사람은 반드시 산다. 예배에서 누구의 이름을 부르느냐 하는 것은 이렇듯 매우 중요하다.

주의 이름을 부르는 사람

주의 이름을 부르던 성경 인물 가운데 다니엘이 있다. 그는 왕 외에 다른 신에게 기도하면 안 된다는 금령이 떨어진 것을 알았음에도 하루에 세 번 하나님 앞에 감사하며 예배를 드렸다. 주의 이름을 부르는 백성으로 삼아주셨음을 감사드리는 기도였다. 그리고 이로 인해 다니엘은 사자 굴에 버려진다. 자기 이름을 부르는 세상 사람들이 승리하는 것처럼 보이는 순간이다. 그러나 결국에 가서는 주의 이름을 부르는 자는 머리털 하나 상하지 않게 되고, 그를 참소하던 자들이 아내와 자녀들과 함께 사자 밥이 되고 만다.

다니엘이 사자 굴에 들어가서 살아날 확률은 제로였다. 그럼에도 그가 살아난 이유를 성경은 이렇게 말한다.

"주여 들으소서 주여 용서하소서 주여 귀를 기울이시고 행하소서 지체하지 마옵소서 나의 하나님이여 주 자신을 위하여 하시옵소서 이는 주의 성과 주의 백성이 주의 이름으로 일컫는 바 됨이니이다"(단 9:19).

오직 주의 이름만 의지할 때, 기적이 일어난다.

주의 이름에 집착한 또 한 사람이 있으니, 다윗이다. 다윗은 '하나님 마음에 합한 사람'이라는 별칭을 가졌다. 바로 주의 이름을 부르기 때문이다.

사무엘상 17장에서 펼쳐지는 다윗과 골리앗의 승부를 보면, 다윗의 전략은 치고 빠지기 식이 아닌 주의 이름뿐이었다.

"너는 칼과 창과 단창으로 내게 나아오거니와 나는 만군의 여호와의 이름 곧 네가 모욕하는 이스라엘 군대의 하나님의 이름으로 네게 나아가노라"(45절).

다윗이 골리앗의 이마에 돌을 박아 넣을 확률은 얼마나 될까? 그러나 주의 이름을 걸고 싸우므로 기적의 싸움이 되어, 물매가 정확하게 골리앗의 이마에 박힌다.

우리는 스스로에게 물어야 한다. 시험에 합격할 확률은 몇 퍼센트일까? 좋은 직장을 가질 확률은? 승산이 없어 보인다면, 주의 이름을 부르는 예배적 삶으로 전환하자. 이같이 살 때 우리의 삶은 확률의 싸움이 아닌 기적의 싸움이 된다.

주의 이름으로 사는 인생

1999년 4월 20일, 미국 콜럼바인 고등학교에서 총기 난사 사건이 발생했다. 사탄을 숭배하는 17세 소년 에릭과 딜런이 900여 발의 총을 쏘아대어 12명의 학생과 1명의 교사가 사망하는 일이 벌어졌다. 2002년 마이클 무어 감독은 〈볼링 포 콜럼바인〉(Bowling for Columbine)이라는 제목으로 이 사건을 다큐멘터리 영화로 만들기도 했다.

슬픔의 날, 난사 현장에는 캐시 버넬이라는 여학생이 있었다. 총성과 함께 사람들이 피투성이가 되자 도서관은 금세 아수라장이 되었다. 고함과 비명이 쏟아지는 가운데 캐시는 책상 밑으로 들어가 기도를 하기 시작했다. 그런데 범인들이 신실한 그리스도인으로 알려진 캐시 버넬에게 다가와 머리에 총을 겨누었다.

"너, 신을 믿어?"

"그래. 난, 그리스도인이야."

캐시가 말했다. 그리고 캐시의 머리는 피로 흥건히 물들었다. 캐시는 2년 전만 하더라도 문제아와 어울리는, 믿음과는 상관없는 학생이었다.

레이첼 스콧이라는 여학생도 있었는데, 범인들은 레이첼의 다리에 총을 쏜 후에 같은 질문을 했다. 레이첼 또한 "난, 하나님을 믿어"라고 답했고, 그 자리에서 즉사했다.

주의 이름을 부르는 자들이 총을 쏜 사람들 앞에서 무력하게 사라진 것처럼 보인다. 하지만 역사는, 그들이 죽은 다음에 일어났다. 두 자매의 순교 이후 미국 전역의 고등학교에서 부흥의 불길이 번졌다. 예배가 살아나고, 믿음으로 살려 하는 청소년들이 많아졌다. 이 사건은 주의 이름으로 사는 인생의 나중을 말해주는 예가 될 것이다.

나의 이름이 아닌 주의 이름을 부르며 살고 있는가? 세상이 나를 향해 도전해올 때, 내 안에 분명한 신앙고백이 있는가? 술을 마시지 않는 이유, 커닝하지 않는 이유, 아무도 보지 않는 새벽에 교통신호를 지키는 이유는 무엇인가? 그에 대해 이렇게 말할 수 있어야 한다.

"나는 하나님을 믿어요. 나는 그리스도인이거든요."

이것이 바로 진정한 신앙고백이고 주의 이름을 부르며 예배하는 삶이다.

예배를 드림으로 주의 이름 부르기

내가 '누구의 이름을 위해, 누구의 이름으로, 누구의 이름 안에서 사는가' 하는 것은 예배를 드림으로 그 방향이 설정된다. 예배 안에서 생명을 발견할 수 없다면 나의 이름을 위해 사는 것이다.

원래 우리는 예배자로 부름받지 않았다. 우리 같은 이방인에게는 예배할 자격조차 주어지지 않았다. 예루살렘에는 '이방인의 뜰'이 있다. 우리 같은 이방인은 짐승으로 여겨졌다. 예배는 오직 하나님의 임재가 있는 지성소에서만 드릴 수 있었다.

그런데 예수님이 그분의 백성들에게 조롱과 정죄를 받으시며, 십자가에서 피와 물을 쏟으시면서 마지막 생명을 온전히 내어주셨다. 그때 놀라운 일이 벌어졌다. 성소를 가르고 있던 휘장이 위에서부터 아래로 찢어진 것이다. 예수님의 죽으심으로 성소와 지성소의 구분이 사라졌다. 이는 예수님이 흘리신 보혈의 공로를 믿고 선 바로 그곳이, 하나님이 임재하신 지성소가 된다는 의미이다. 그리고 우리 같은 이방인 또한 예수님의 보혈을 믿으면 한 사람도 예외 없이 제사를 드릴 수 있는 자격을 받게 되었다.

그렇다면 우리는 어떻게 해야 진정한 예배자가 될 수 있을까? 성경은 2가지 기준을 제시한다.

"그러므로 형제들아 내가 하나님의 모든 자비하심으로 너희를 권하노니 너희 몸을 하나님이 기뻐하시는 거룩한 산 제물로 드리라 이는 너희가 드릴 영적 예배니라"(롬 12:1).

첫째, 죽는 것이다. 예배의 제의적 성격이 나타나는데, 예배는 우리 자신을 죽이는 것이다. 구약 시대에는 하나님께 제사를 드릴 때 살아 있는 것을 제물로 드릴 수 없었다. 짐승의 앞다리와 뒷다리를 모두 자르고, 내장을 꺼내고, 몸통을 정결히 하여 드렸으며, 죽은 것을 다시 확인하는 의미에서 각을 떴다. 이것이 바로 구약의 제사, 곧 예배였다.

우리가 드리는 예배도 이 원리를 완성해야 한다. 우리 자신을 죽이는 예배가 되어야 한다. 나의 자존심, 교만, 습관에 젖은 죄성, 욕심, 음란, 이 모두를 죽이는 것이 예배이다. 내 생각과 고집을 죽이고 하나님의 생각과 고집을 받아들이는 것이 예배이다. 하나님께 온전히 설득당하는 것, 그것이 바로 예배이다.

둘째, 살리는 것이다. 죽이는 제사이지만 산제사가 되어야 한다. 우리의 삶이 예배가 되어야 한다.

예배는 죽이는 것이면서, 동시에 살리는 것이다. 우리는 죽이는 예배와 살리는 예배, 이 두 기준에서 합격 점수를 받아야 한다. 당연히 쉽지 않다. 그러나 우리에게는 우리가 의지해나갈 예수님의 보혈, 그분의 공로가 있다.

그리스도인은 예수님의 이름을 위해, 예수님의 이름으로, 예수님의 이름 안에서 살 때, 진정한 예배자로서 풍성한 삶을 누릴 수 있음을 다시금 기억하자.

두려움 여덟 번째 이야기

종말

"종말을

어떻게 받아들여야 할지

모르겠어요…"

종말 증상

창세기 19장

'다미(다가올 미래를 대비하라)선교회'라는 일군의 신도들이, 1992년 10월 종말이 올 것이라고 예언하여 우리 사회를 혼란에 빠뜨린 적이 있다. 그들은 예수님의 재림을 준비하느라 공부도 하지 않고, 직장도 그만두고, 재산을 다 팔아 헌금했다. 그날 예수님이 재림하시지 않으면 칼로 목숨을 끊겠다는 사람도 있었다. 이 같은 상황이 되자 신실한 그리스도인들조차 '정말 예수님이 오시는 걸까?' 하면서 촉각을 곤두세웠다.

이에 한 방송국 기자가 카메라를 갖고 잠입하여 현장 상황을 비밀리에 촬영했다. 흰 한복을 입은 수많은 사람들이 자정이 넘도록 하나님을 찬양하며 춤을 추었다. 그런데 새벽 2시를 지나 4시가 되어도 예수님이 오시지 않자 하나둘 집으로 돌아가는 해프닝이 벌어졌다.

이 사건으로 인해 정상적인 교회 또한 좋지 않은 시선을 받아야 했다. 잘못된 종말론으로 교회에 대한 신뢰가 같이 깎여나간 것이다. 실제로 너무나 '현저한 종말론'은 부작용을 가져온다. 예수님이 구름 타고 오실 것이라는 이야기는 경각심을 주기도 하지만, 반신반의를 유발하기도 한다. 또한 일상을 살아가는 이들에게 회의를 심어주기도 한다. 그래서 아주 현실적인 것으로만 신앙의 그릇을 채우게 하고, 종말에 대해 어떠한 가치나 기대도 품을 수 없게 만든다. 종말에 대한 경각심이 사라지는 것은 전혀 긍정적이지 않다.

그렇다면 어떠한 종말론을 가져야 하는 것일까? 올바른 종말론이란 무엇일까?

소돔의 이야기는 이에 대한 적절한 메시지가 아닐까 싶다. 창세기 19장은 소돔이 멸망하게 된 이유를 설명한다. 아브라함을 떠난 두 천사가 날이 저물 무렵 소돔으로 온다. 마침 롯이 성문에 앉았다가 그들을 맞는다. 그날 밤 이 도시에 사는 건달들이 찾아와 예쁘게 생긴 남자들(천사들)과 상관하고자 한다. 여기서의 '상관'이란 성관계를 뜻한다. 롯은 그들에게 두 딸을 내주면서까지 필사적으로 손님들을 지키려 하지만 소란이 벌어진다. 이에 두 천사는 자신들의 정체를 드러내며 건달들의 눈을 일순간 멀게 한다.

롯이 의롭게 행동하려 했음에도 소돔은 멸망의 길로 들어섰다. 오래 참으시는 하나님께서 소돔을 멸하신 종말과 관련한 증상을 살펴보면, 이 땅에서 어떻게 살아야 하는지 깨달음을 얻을 수 있다.

증상 1: 소통 불능

4절을 보면 롯의 집을 둘러싼 이들은 몇몇 비류에 그친 것이 아니라 노소를 막론하고 원근에서 모여든 소돔 사람들이었다. 이는 소돔이 동성연애의 문화로 물들었음을 의미한다. 그러한 행동을 이상히 여기지 않을 뿐 아니라 동네 전체가 축제날이라도 된 것처럼 즐기고 있다.

남색(男色)과 수간(獸姦)을 영어로 나타내면 'sodomy'인데, 이 단어는 'Sodom(소돔)'이라는 말에서 나왔다. 그만큼 소돔은 남색이나 수간이 보편화되어 성적으로 타락한 도시였다. 악인이 편만해 있었던 것이다.

"너는 물러나라… 이제 우리가 그들보다 너를 더 해하리라"(9절).

그러나 소돔 사람들은 롯의 말을 듣지 않았다. 망조가 들면 더 이상 말이 안 통한다. 좋다는 것은 알지만 그렇게 하고 싶은 생각이 없다. 창세기 11장은 타락의 결과로 언어가 혼잡해지는 현상을 보이는데, 서로 간에 말이 안 통한다. 말이 안 통하는 것은 악이 보편화된 사회에서 나타나는 증상이며, 그다음에는 멸망이 찾아온다.

말이 안 통하는 현상은 언어의 문제일 수도 있지만, 옳고 그름을 분별할 수 없는 상황을 뜻한다. 신학적으로는 '인간의 죄'라는 시름 깊은 문제가 도사린다. 어른들의 말이 다음 세대의 자녀들에게 들리지 않고, 자녀들의 호소가 어른들의 귀에 들리지 않는다. 하나님의 말씀이 인간에게 들리지 않고, 인간들의 기도가 죄와 욕심 때문에 하나님께 들리지 않는다. 이는 모두 죄의 문제에서 비롯된 것이다.

증상 2: 외모지상주의

악이 보편화될 때 나타나는 또 하나의 종말 증상은 '외모지상주의(루키즘, Lookism)'이다. 소돔 사람들은 왜 천사들을 강간하려고 했을까? 나그네에 대해 아무 정보도 가지고 있지 않은 그들이었지만 아마도 외모 때문에 모여들었을 것이다. 천사를 향해 "상관하리라"고 말한 것을 보면 소돔 사람들이 꽤 큰 자극을 받은 것으로 보인다.

루키즘은 '외모지상주의' '외모차별주의'라는 뜻을 갖는다. 과거에는 없던 이 말은 2000년 8월, 〈뉴욕타임스〉의 칼럼니스트 새파이어가 인종과 종교 등에 이어 외모를 새로운 차별 요소로 지목하면서 부각되었다. 외모가 개인의 우열(優劣)뿐 아니라 인생의 성패까지 좌우한다고 여긴 나머지 외모에 지나치게 집착하거나 그러한 경향을 띠는 현상이다. 그리고 루키즘은 최근 들어 모든 청년에게 일종의 스펙처럼 되어버렸다.

외모지상주의에 빠진 사람은 다음과 같은 특성을 보인다.

첫째, 외모에 열등감을 나타낸다. 외모에 대한 열등감이 없을 수야 없지만 외모 때문에 지나치게 자신감을 잃는다면 점검해봐야 한다.

둘째, 내적 관리보다 외적 관리에 더 많이 시간을 쓴다.

셋째, 이상형에 대한 가치를 내적 아름다움보다 외모에 둔다면 이 또한 점검해봐야 한다.

루키즘은 그 자체가 인생의 성공과 실패의 기준이 되어 인간을 상품화하고 성적 타락을 야기한다는 데 문제의 심각성이 있다.

증상 3: 병든 의인

종말의 증상은 롯의 태도에서도 나타난다. 롯은 의인이다. 정확히 말하면 '병든 의인'이다. 소돔 사람들의 악에 대처하는 그의 태도를 보자.

"내게 남자를 가까이하지 아니한 두 딸이 있노라 청하건대 내가 그들을 너희에게로 이끌어내리니 너희 눈에 좋을 대로 그들에게 행하고 이 사람들은 내 집에 들어왔은즉 이 사람들에게는 아무 일도 저지르지 말라"(8절).

두 딸을 내어주는 행위는, 소돔 사람들의 악행과 별반 차이 없는 죄이며 분명한 악이다. 아버지로서 결코 해서는 안 되는 행동인데도, 롯에게서는 아무 죄책감도 찾을 수 없다. 그렇다면 롯 역시 하나님의 법으로부터 떠난 사람이다. 롯이 이처럼 엉뚱한 대안을 내놓은 데에는 소돔의 타락한 문화가 작용했을 것이다. 소돔이 성적 타락을 범죄로 인식하지 않자, 의인 롯도 약간 지나친 문화로만 생각할 뿐 강하게 거부하지 않았다.

그러나 불행히도 이것은 우리가 살고 있는 이 도시의 이야기이다. 우리 자신을 과신해서는 안 된다. 우리도 타락한 도성에 살고 있는 한, 롯이 빠진 문화에 물들 수 있다. 사랑하면 결혼 전에 성관계를 가져도 무방하다는 생각, 예수님만 믿으면 잘되고 복 받을 수 있다는 생각, 바쁘면 주일예배를 빠질 수도 있다는 생각 등은 병든 의인 롯의 태도이다. 세상과 맺는 미필적(未必的) 타협인 셈이다.

타협은 멸망으로 가는 지름길이다. 만약 내가 수많은 타협을 하고 있다면 종말이 눈앞에 당도해 있는 것이다. 심판으로 향하는 지름길은 '악인들의 악'이 아니라 '의인들의 타협'이라는 사실을 알아야 한다. 성경은 악을 악으로 갚지 말고 선으로 악을 이기라고 말한다. 타협은 악을 악으로 갚는 것이다. 예수 그리스도께서 완성하신 선한 일이 우리 안에서 반복적으로 확인되지 않으면, 우리는 타협하는 인생으로 머물 수밖에 없다.

증상 4: 내 안에 일어나는 충돌

악이 막판으로 가면 선과 충돌하는데, 성경은 이를 심판이라 말한다. 악과 선의 충돌은, 롯의 이야기에서 눈이 멀어 문을 찾지 못하는 현상으로 나타난다. 악인에게는 죄를 짓기 위한 문이지만, 의인에게는 생명을 구원하는 문이다. 심판이 앞에 오면 악인은 더 이상 이 문을 찾지 못한다. 악을 상징하는 소돔은 구원의 문이 어디에 있는지 찾지 못하는 지경에 이른다.

세상은 이 같은 종말의 증상으로 '문을 찾지 못하는 현상'을 나타낸다. 구원의 문이 어디에 있는지 모르는 것이다. 악인은 진리와 선과 하나님의 말씀을 눈 뜨고 봐줄 수가 없으며, 그들 편에서는 그것이 절대 용납할 수 없는 거짓이고 말도 안 되는 독선이다. 결국 충돌을 일으키고 문을 찾지 못한다. 구원의 길을 발견할 수 없도록 하나님께서 내버려두시는 것이다. 오늘 우리 사회가 바로 이런 모습을 나타내고 있지 않을까?

진리가 취미가 되고 구원이 값싼 종교가 된 것은 전형적인 종말 증상이다. 진리를 알고도 그 진리에 순응할 수 없다면 우리 안에 충돌이 일어난 것이다. 무엇 때문에 하나님의 말씀과 충돌하게 되었는지 살펴야 한다. 우리를 구원으로 인도하는 문이 그 뒤에 있을지도 모르기 때문이다.

재촉의 시대, 지체의 세대

창세기 19장

'쓰나미(津波, tsunami)'는, 일본어로 해안을 뜻하는 '쓰(tsu)'와 파도 '나미(nami)'의 합성어이다. 1946년 알류샨 열도에서 지진 해일이 발생한 뒤로 전 세계 언론이 '쓰나미'라는 일본어를 사용하기 시작했다. 쓰나미는, 넓은 바다에서 보면 그 움직임이 느껴지지 않지만 해안가로 다가올수록 해일의 파고가 높다. 따라서 이로 인한 피해는 실로 극심하다.

소돔과 고모라의 멸망에서도 거대한 쓰나미와 같은 현상이 펼쳐졌다. 하늘에서 유황과 불이 떨어져 도시 전체가 쑥대밭이 된 것이다. 하지만 유황과 불의 위력에 대해서는 물론, 얼마나 많은 사람들이 죽었으며 얼마나 큰 재산상의 손실이 있었는지에 대해 성경은 전혀 기록하고 있지 않다. 성경은 단지 한 가족이 구출되었다는 사실만 부각하고 있을 뿐이다.

지체하는 롯

동이 틀 무렵, 천사들은 롯에게 성을 나가라고 재촉한다.

"그러나 롯이 지체하매 그 사람들이 롯의 손과 그 아내의 손과 두 딸의 손을 잡아 인도하여 성 밖에 두니 여호와께서 그에게 자비를 더하심이었더라"(16절).

롯이 지체하자 천사들이 롯과 그의 아내와 두 딸을 성 밖으로 이끈다. 산으로 도망하라는 천사들에게, 롯은 또 한 번 지체하면서 산이 아닌 '소알'이라는 작은 도시로 피할 수 있게 해달라고 부탁한다. 도망치는 중에 롯의 아내는 뒤를 돌아보아 소금 기둥으로 변한다.

롯은 왜 지체했을까? 아마도 미련 때문일 것이다. 소돔은 재산과 가축, 그의 인생 전체가 담긴 도시였다. 모든 것을 버리고 떠나는 일이 쉽지 않았을 것이다. 그런데 이것은 지금 우리가 겪는 갈등이기도 하다. 우리 역시 세상에 전부를 투자한다. 좋은 대학에 가기 위해 밤잠을 설치고, 열심을 다해 원하는 직장에 들어간다. 생각만 해도 황홀한 이성을 만나 사랑을 키우고, 꿈에 그리던 아파트를 장만한다. 그런데 모든 것을 버리고 떠나라니, 어찌 미련이 안 생길 수 있을까. 롯은 이 때문에 지체했고 이는 우리가 지체하는 이유이다. 따라서 종말은 떠나야 하는 결단 앞에서 지체하는 인간에 대한 심판이다.

롯은 산으로 도망가라는 천사들의 말에 작은 성 소알로 도망하겠다고 응대한다. "저 성읍은 도망하기에 가깝고 작기도 하오니"라고 그 이유를 말한다. 이는 자기 편의적인 신앙생활의 잔재로서 심판당하는 순간에도 자기 편의로 하려 한다. '부끄러운 구원'으로, 죄에서 떠나는 일을 지체한다. 이 세상에서 영원히 살 것처럼 미련을 갖고 지체하는 것은 부끄러운 구원의 대표적 증상이다.

재촉하는 천사

세상에 대한 미련으로 지체하는 롯과는 달리 천사들은 "이 성의 죄악 중에 함께 멸망할까 하노라"(15절)라며 롯을 재촉한다. 더 지체하면 멸망당할 수 있다는 뜻인가? 아니다. 이는 심판의 원리를 나타내는 상징적인 의미이다.

"그리로 속히 도망하라 네가 거기 이르기까지는 내가 아무 일도 행할 수 없노라 하였더라"(22절).

의인이 구원을 얻기 전에는 심판할 수 없는 것이 심판의 원리이다. 천사들은 죄에 대해 어떠한 태도를 가져야 하는지 알려주기 위해 서둘러 떠날 것을 재촉했다.

우리는 이 세상과 죄에 대해 조금도 지체해서는 안 된다. 스스로를 재촉하여 속히 떠나야 한다. 하나님은 우리를 틀림없이 구원하시겠지만, 우리는 그 죄에서 속히 돌아서야 한다.

죄를 재촉하는 시대이다. 죄의 문화에 물든 까닭에 죄를 짓지 않으면 손해를 보는 지경에 이르렀다. 부모들도 자녀에게 죄를 죄라 말하지 않고 자기 이익만 챙기면 된다는 식으로 가르친다. 죄와 악으로 미쳐 날뛰는 시대이다.

지체하되 재촉하시는 하나님

하나님 역시 재촉하신다. 구원을 위한 재촉이며, 오래 참으시는 사랑을 전제로 한 재촉이다. 그런데 사람은 하나님의 지체하심을 악용하여 죄로부터 벗어나는 것을 지체한다.

롯의 구원을 보면 롯은 산으로 도피해야 한다. 심판의 경계선이 "그 지역의 성"(29절)인데, 복수로 기록된 것을 볼 때 하나님은 그 지역의 성들을 멸하시기로 작정한 것이기 때문이다. 하지만 롯이 그 지역의 성 소알로 피하려 하기에 심판의 경계선을 바꾸신다. 이 또한 심판의 원리이다. 하나님은 어떻게든 의인의 멸망을 조금이라도 늦추고 지체하려 하시기 때문이다.

예수님은 하나님의 보좌 우편에서 우리를 위해 중보 하신다. 그분은 우리 영혼의 주인이시기 때문이다. 그런데 롯 역시 아브라함의 중보기도 때문에 구원받았다.

"하나님이 그 지역의 성을 멸하실 때 곧 롯이 거주하는 성을 엎으실 때에 하나님이 아브라함을 생각하사 롯을 그 엎으시는 중에서 내보내셨더라"(29절).

하나님은 이방인 아비멜렉에게 아브라함을 소개할 때 '선지자'라고 부르셨다. 구약에서 아브라함은 참선지자이신 예수 그리스도를 상징한다. 의인의 멸망을 반대하며 아브라함이 하나님께 집요하게 기도하던 내용은, 예수님이 우리를 위해 그렇게 기도하신다는 것을 상징한다.

그렇다면 롯은 아브라함 때문에 구원받은 것일까? 아브라함의 중보기도 때문이 아니라 하나님의 지체하심과 은혜로 구원받았다. 성경은 분명하게 "여호와께서 그에게 자비를 더하심이었더라"(16절)라고 증언한다.

하나님은 그분의 성품상 죄를 용납하실 수 없기에 심판을 재촉하시는 분이다. 그럼에도 심판이 지체되는 까닭은 우리 영혼의 주인이신 예수 그리스도가 우리를 위해 중보 하시기 때문이다.

우리는 이 세상에서 죄에 대해 지체하는 모습을 보여서는 안 된다. 악을 버리고 선을 행하는 삶을 재촉해야 한다. 그것이 하나님의 성품을 닮는 길이고, 예수 그리스도의 중보에 감사하는 삶이기 때문이다.

누군가의 아브라함 되기

소돔의 이야기에서 찾을 수 있는 중요한 교훈은, 우리에게 '우리의 아브라함'이 있다는 사실이다. 그분은 바로 예수 그리스도이시다. 예수님이 우리의 중보자 아브라함이 되신다는 것은 우리 역시 누군가를 향한 중보자, 아브라함이 되어야 한다는 말이다. 자신을 위해 기도해주는 이가 없는 사람이 세상에서 가장 비참하다. 죄를 재촉하고 선을 지체하는 그러한 삶은 심판 대상 1호이다. 그래서 우리는 누군가의 아브라함이 되어주어야 한다.

종말의 때에는 누군가의 구원을 위해 기도하는 사람이 위대하다. 사탄의 공격이 더욱 노골적으로 거세어지므로 중보기도 없이는 신앙을 지키며 살 수 없기 때문이다.

나를 생각하며 중보를 해주는 아브라함이 있는가? 그렇다면 나는 행복한 사람이다. 이제 내가 누군가의 아브라함이 되어야 할 차례이다. 그것이 가장 불쌍한 사람을 구원하는 길이며, 종말을 맞는 가장 위대한 삶이다. 주위 사람들을 위해 기도하라. 아무도 중보 해주지 않을 것 같은 지체들을 위해 기도하라. 내가 아는 사람들 중에 어떠한 중보도 받지 못한 채 하루를 마감하는 이가 없도록 하라.

우리 역시 소돔만큼 악한 문화 속에서 살고 있다. 우리는 롯처럼 악에서 떠나기를 지체하지만, 하나님은 우리의 구원을 재촉하신다. 그러므로 지체하는 삶의 방식에서 재촉하는 삶의 방식으로 바꾸어야 한다.

종말에 대한 회의가 있는가? 종말이 오지 않을 것 같고 경각심도 생기지 않는가? 우리는 심판을 지체하고 계시는 하나님의 마음을 살펴야 한다. 악에서 떠나 선을 재촉하며, 누군가를 위해 중보 하는 삶을 살도록 하자.

심판이 임할 때

창세기
6장

노아의 홍수 사건이 과학적으로 증명되면 성경의 내용이 사실로 입증될 것처럼 말하는 이들이 많다. 과학자들은 대기 중에 있는 물을 다 합쳐도 지구를 덮을 수 없다고 말한다. 그런데도 노아 시대의 홍수는 역사적 사실일까? 성경은 노아의 홍수가 궁극적으로는 영적인 상징성을 지닌 사건이지만, 일차적으로는 역사적 사건이라는 뉘앙스를 드러낸다.

"노아가 육백 세 되던 해 둘째 달 곧 그달 열이렛날이라 그날에 큰 깊음의 샘들이 터지며 하늘의 창문들이 열려 사십 주야를 비가 땅에 쏟아졌더라"(창 7:11).

'큰 깊음의 샘들이 터졌다'는 표현은 "물 가운데에 궁창이 있어 물과 물로 나뉘라"(창 1:6)는 말씀에 비추어보면, 원래 지구는 물이었는데 물을 반으로 나누어 절반은 밑에, 절반은 위에 두셨으며, 노아의 홍수 때는 하늘에 있는 물만 쏟아진 것이 아니라 땅속의 물들까지 터져 나왔다는 뜻이다.

"물이 불어서 십오 규빗이나 오르니 산들이 잠긴지라"(창 7:20).

"십오 규빗"은 약 7미터 정도 된다. 아마도 지진이나 화산 등으로 지각 대변동이 있고, 바다와 육지의 경계가 흐트러지는 일이 발생했을 것이다.

한국과학기술원(KAIST)의 노희천 교수는《노아의 방주는 역사적 사실인가?》(두란노)라는 책에서 노아의 홍수를 역사적 사실로 볼 수 있는 가능성을 제시한다. 바다와 떨어진 호수 중 염해의 성격을 가진 곳이 여럿 존재한다는 것이다. 가령 해발 1,700미터의 산에 위치한 터키의 반 호수(Lake Van)는 바닷물로 이루어져 있으며, 해발 1,470미터에 위치한 이란의 우르미아 호수(Lake Urmia)도 염분이 23퍼센트나 된다. 뿐만 아니라 몽골 분지의 사막에도 염해의 흔적이 있고, 안데스 산맥의 해발 3,800미터 높이에 있는 4,800제곱미터의 티티카카 호수(Lake Titicaca) 역시 염분을 함유하고 있다.

'하늘의 샘들이 터졌다'는 표현에 대해 태초에 우리 위에 두신 물을 쏟아부으셨다는 의미로 해석하는 과학자들도 있다. 홍수 전에는 물의 위층이 지구를 온실처럼 보호해 우주의 해로운 광선을 차단하고 바람이나 눈, 비로부터 생물이 살기 좋도록 보호해주었다고 한다. 실제로 홍수 이전에는 인간의 수명이 대개 900세를 넘길 만큼

길었으나, 홍수 이후 물의 위층이 파괴된 후로는 갑자기 300~400세로 줄고, 시간이 지나면서 수명이 더 준 것을 볼 수 있다.

노아의 홍수에 대해 왜 이렇게 상세한 기록을 하고 있을까? 다시 심판이 있을 것을 경고하는 것은 아닐까? 그러나 이제는 물이 아닌 불의 심판이 있을 것이며, 이는 최후의 심판이다. 성경은 노아의 삶을 상세히 기록함으로써, 불의 심판을 어떻게 대비해야 하는지 말해주고 싶었는지도 모른다.

사라지는 의인의 기도

"하나님의 아들들이 사람의 딸들의 아름다움을 보고 자기들이 좋아하는 모든 여자를 아내로 삼는지라"(2절).

"하나님의 아들들"은 천사가 아니라 '하나님의 경건한 후손들'을 뜻한다. 경건한 후손들은 창세기 4장 25절부터 등장하는, 의인 아벨의 후손들이다. 이들은 늘 여호와의 이름을 부르는 인생을 살았다. 그러나 시간이 흐르면서 점차 그 마음이 변했다. 결국 그들도 자기가 좋아하는 것을 삶의 기준과 방식으로 삼았다. 하나님은 이를 어떻게 보실까?

"여호와께서 사람의 죄악이 세상에 가득함과 그의 마음으로 생각하는 모든 계획이 항상 악할 뿐임을 보시고 땅 위에 사람 지으셨음을 한탄하사 마음에 근심하시고"(5-6절).

하나님은 계속 참으셨다. 그러나 시간이 지나면서 의인들의 기도가 사라지고, 아벨의 후손이 여호와의 이름을 부르지 않게 되었다.

하나님이 심판을 미루실 이유가 없어졌다.

하나님의 아들들이 깨닫지 못하고 있던 것은 무엇일까? 그들의 예배와 중보가 세상을 향한 하나님의 진노를 막고 있었다는 사실이다. 이 땅에 하나님의 심판이 임하고 있지 않은 것은, 죄악이 관영하지 않기 때문이 아니라 누군가 아벨의 기도를 하나님께 드리고 있어서이다. 그러나 그 기도가 끊어지고 영과 진리로 드리는 예배가 사라지면 세상에는 심판이 임한다.

네피림을 숭상하는 사람들

"당시에 땅에는 네피림이 있었고 그 후에도 하나님의 아들들이 사람의 딸들에게로 들어와 자식을 낳았으니 그들은 용사라 고대에 명성이 있는 사람들이었더라"(4절).

이를 직역하면 다음과 같다.

"하나님의 아들들이 사람의 딸들에게 들어와 자식을 낳을 그 당시와 또한 그 이후에도 네피림이 있었고."

"네피림"은 하나님의 아들들과 사람의 딸들 사이에서 태어난 자들을 가리키는 말이 아니다. 사람들이 정욕적인 일을 할 당시에도 네피림이 존재했다고 말하기 때문이다.

성경에서 말하는 네피림은 무엇일까? 네피림은 '넘어지다' '떨어지다' '추락하다'라는 단어에서 온 말로, 복수로 사용되어 '습격하거나 공격하여 넘어지게 하는 자들'이라는 뜻을 지닌다.

다시 말해 네피림이란 사람을 공격해 넘어지게 하는 자들로서,

많은 사람들을 쳐 죽이고 당대 이름을 얻은 영웅들을 가리킨다. 이것을 70인 역(LXX)이나 라틴어 성경인 불가타 역(Vulgate), 킹제임스 역(KJV) 등에서는 '거인(giant)'이라고 번역한다. 이스라엘 사람들이 거대한 아낙 자손을 보고 네피림의 후손이라는 은유적 표현을 사용한 것을 보면(민 13:33), 네피림이란 고대의 거인으로서 사람들을 쳐 죽이고 명성을 얻은 악인들임을 알 수 있다. 노아의 시대는 사람을 많이 죽인 사람이 영웅이 되는 사회였던 것이다.

그런데 왜 인간들의 문란한 문화를 묘사하는 가운데 네피림을 언급하는 것일까? "그들이 육신이 됨이라"(3절)라는 말씀에서 볼 수 있듯, 육체적으로 최고의 명성을 얻은 거인들을 소개한 까닭은, 인간이 육체적으로 아무리 노력해본들 고작해야 '육신의 거대함', 그 이상의 열매를 얻지는 못하며, 하나님의 생명은 결코 소유할 수 없음을 말하기 위한 것이 아닐까 싶다. 노아 시대의 사람들은 육신의 거대함을 추구하며 삶의 가치 기준이 뒤바뀐 채 살았던 것이다.

그런데 오늘날도 비슷하지 않은가? 요즘 사람들은, 긍휼히 여길 줄 아는 마음을 가지고 있는지, 가난한 마음으로 하나님을 사랑하는지, 하나님의 평화를 위해 살고 있는지 따지지 않는다. 오히려 얼마나 권력이 있고, 얼마나 돈이 많으며, 얼마나 완벽한 외모를 가졌는지 하는 것으로 사람을 영웅시하고 그에 굽실거린다. 이는 그리스도인들도 다르지 않아, 전도 집회에는 예수 믿어서 돈을 많이 번 사람, 출세한 사람, 유명한 사람 들을 강사로 초청한다. 그리스도인들 역시 그들이 가진 것을 부러워하고, 예수를 잘 믿음으로 그런 명성과 복을 얻으라고 부추기는 것 같다.

신앙생활을 충실히 하여 부자가 되고 높은 지위를 얻는 사람들도 귀하지만, 그리스도인들은 그런 사람들만 바라보며 모범으로 삼아서는 안 된다. 신앙생활을 열심히 했음에도 실패한 사람들, 그럼에도 하나님을 바라보는 사람들이 영웅이 되어야 하는 게 아닐까. 그런데 세상이 바뀌면서 그리스도인들의 가치 기준도 변질되지 않았나 싶다. 말씀보다 자신의 실력을 앞세우고, 자신이 얻은 명성과 지위를 신앙의 열매처럼 내세우는 자세는, 네피림을 영웅시하는 것과 다를 바가 없다. 그리고 심판은 이러한 세상에 임한다.

예수를 믿는 그리스도인들이 하나님의 말씀이 아닌 자신의 실력으로 살려고 할 때 심판은 시작된다. 세상에서 이름을 얻고자 하는 삶을 살 때 심판이 임하는 것이다. 우리는 여호와의 이름을 부름으로써만 의롭게 살 수 있는 존재이며, 바로 이러한 가치를 세상에 전하기 위해 하나님이 그분의 자녀로 삼아주신 사람들이다. 그런데 정작 하나님의 자녀들이 삶의 가치를 맞바꾸어 세상 사람들처럼 살고 있다. 우리는 바로 이때 심판이 임한다는 것을 한시라도 잊어서는 안 된다.

방주를 바라보던 사람들

의인의 기도가 사라지고 예수님을 믿는 사람들조차 삶의 가치 기준이 바뀌는 것은, 이 땅에 죄악이 가득하다는 증거가 된다. 그러나 죄악이 가득한 땅에도 하나님의 은혜는 임한다. 하나님은 노아와 그의 가족을 방주에 들어가게 하심으로써 심판을 면하게 하신다.

"노아는 의인이요 당대에 완전한 자라 그는 하나님과 동행하였으며"(9절).

노아는 의인이었다. 여기서 "의인"이란 법 없이도 사는 착한 사람이 아니라 '하나님께 은혜를 입은 사람'이다.

"노아는 여호와께 은혜를 입었더라"(8절).

하나님은 노아에게 은혜를 주셔서 죄의 굴레에 처박혀 살지 않도록 그를 막으셨다. 죄를 지으면 상당히 수치스럽다는 것과 양심이 힘들다는 것을 알게 하셨다. 또 하나님을 두려워하는 마음을 주셔서 죄를 지었어도 하나님께 용서를 구하는 사람이 되게 하셨다. 이러한 사람이 바로 의인이다.

노아는 하나님과 동행했다. 이는 그가 하나님의 말씀을 붙들고 살았다는 뜻이다. 하나님은 노아에게 그의 평생에 걸쳐 하나의 배를 만들라고 하셨고, 심판의 기미가 전혀 보이지 않는 상태에서도 노아는 말씀에 순종하여 전 생애를 바쳐 배를 만들었다. 말씀을 붙드는 일이야말로 하나님과 동행하는 삶이다.

우리가 비참해지는 이유는 하나님의 말씀을 붙들고 살다가 이런 저런 이유로 다른 것을 붙들려 하기 때문이다. 말씀 대신 이성 친구를 붙들거나, 공부를 붙들거나, 직장을 붙든다. 말세는 그리스도인들조차 말씀을 붙들고 살지 않는 시대인 것이다. 그러나 하나님의 은혜로 살고, 그분의 말씀을 붙들고 사는 사람만이 방주에 탈 수 있다.

노아의 홍수 당시 심판을 받은 사람들은 마태복음 24장의 말씀처럼 먹고 마시고 장가가고 시집가기에 바빴다. 홍수가 나서 멸망하는 가운데에도 왜 망하는지를 깨닫지 못하던 사람들이었다. 먹고 마시고 장가가고 시집가는 것이 죄인가? 그렇지 않다. 그런데 왜 성경은 이들의 삶을 문제 삼고 있을까? 그 답을 구하는 과정에서, 종말의 시대를 살아가는 우리가 세상적인 삶과 의인의 삶이 어떻게 다른지를 깨달을 수 있기 때문이다.

세상적인 삶이란 일상생활에 매몰되어 현실에만 집착한 채 사는 것이다. 명백한 죄를 짓지 않더라도 하나님의 말씀, 즉 하나님이 인간을 창조하신 고상하고도 아름다운 뜻을 망각한 채 일상생활에만 얽매여 살아가는 것은 하나님을 노하시게 한다. 아버지의 뜻을 버려둔 채 네피림을 좇으며 살던 노아 시대의 사람들은, 그저 멍하니 방주를 바라보며 비참하게 죽어갔다. 그들은 왜 멸망당하는 순간까지도 자신들의 타락을 깨닫지 못했을까?

"너희는 스스로 조심하라 그렇지 않으면 방탕함과 술 취함과 생활의 염려로 마음이 둔하여지고 뜻밖에 그날이 덫과 같이 너희에게 임하리라"(눅 21:34).

그들은 방탕함과 술 취함과 생활의 염려 때문에 타락한 것을 깨닫지 못했다. 방탕의 시작은 내게 있는 것을 마음대로 사용하는 것이며, 방탕의 끝은 내가 가진 것을 전부 탕진하는 것이다. 술 취함이란 자신의 쾌락을 추구하는 정욕적인 삶이고, 염려란 세상의 먹고 사는 것에만 마음이 얽매여 사는 삶이다. 그래서 멸망하는 순간까지 왜 죽는지조차 깨닫지 못한다. 다시 말해 방주를 타지 못하고 그저 바라만 보던 이들은 의외로 악한 사람들이 아니었다. 어쩌면 우리 이웃, 아니 나의 모습을 한 사람들이었다.

방주 밖의 사람들과 방주 안의 사람들은 서로 무엇이 다른가? 방주를 탄 짐승과 그렇지 않은 짐승은 대체 무엇이 다르기에 한 부류는 구원을 받고 한 부류는 심판을 당하는가? 사실 그 무엇도 다를 것이 없다. 단지 어디에 속했는가만 다를 뿐이다. 구원과 심판은 내가 속한 곳이 어디냐에 따라 결정될 뿐이다. 내가 잘나서 구원받는 것이 아님은 이미 창세기가 말하고 있다. 어떤 사람은 하나님의 언약 속에 있어서 구원을 받고, 또 어떤 사람은 언약 밖에 있음으로 죽는다. 예수님을 믿으면 구원받는다는 진리는 약속이다. 이 약속 안에 있으면 살고 약속 밖에 있으면 죽는다. 내 힘과 능력으로 구원받을 수도 없고 심판을 면할 수도 없다. 어디에 속했는가, 하는 것으로 구원 여부가 갈릴 뿐이다.

우리에게 임할 심판

구약에서 노아의 가족과 광야의 길을 가던 이스라엘 백성은 상황이 비슷하다. 노아의 가족은 '방주'라는 네모난 상자를 따라갔고, 광야의 이스라엘 백성은 '언약궤'라는 네모난 상자를 따라갔다. 어디로 가야 할지, 어떻게 가야 할지도 모른 채 오직 하나님이 인도하시는 대로 갔고, 하나님만 바라보았다. 하나님만 따라서 간다는 말은 그분의 언약을 붙드는 삶을 살았다는 뜻이다. 그리고 이것이 구원을 얻는 자의 삶의 방식이다.

믿는 자의 인생이란 기도하면서 하나님만 바라고 나의 미래를 오직 하나님께 의탁하는 것이다. 우리는 심판 한가운데에서 방주 안의 스펙터클한 인생을 살고 있음을 한시라도 잊어서는 안 된다.

앞으로 노아의 홍수 심판은 다시는 일어나지 않을 것이다. 그렇다고 심판이 아예 없다는 말이 아니다. 무지개는 물의 심판이 다시는 없을 것임을 상징하는 약속이지만, 다른 심판이 반드시 있을 것이라는 증거이기도 하다. 이제는 물이 아니라 불의 심판이 남았다.

"이로 말미암아 그때에 세상은 물이 넘침으로 멸망하였으되 이제 하늘과 땅은 그 동일한 말씀으로 불사르기 위하여 보호하신 바 되어 경건하지 아니한 사람들의 심판과 멸망의 날까지 보존하여두신 것이니라"(벧후 3:6-7).

"그 동일한 말씀으로 불사르기 위하여"라는 말은 노아의 심판과 불의 심판이 도구만 달라졌을 뿐 하나님의 말씀에 의한 심판임을 예고한다.

우리에게 필요한 것은 불에 타지 않는 믿음이다. 이 믿음에 대해 성경은 "너희 믿음의 확실함은 불로 연단하여도 없어질 금보다 더 귀하여 예수 그리스도께서 나타나실 때에 칭찬과 영광과 존귀를 얻게 할 것이니라"(벧전 1:7)라고 말한다. 그리고 불로 연단된 믿음은 시련에 의해 얻어진다.

"이는 너희 믿음의 시련이 인내를 만들어내는 줄 너희가 앎이라"(약 1:3).

이처럼 믿음은 '시련'이다. 믿음생활이란 고민이요 갈등이요 좌절이다. 그리고 이러한 좌절은 불로 연단한 믿음을 만들기 위해 주신다.

불의 심판은 도둑처럼 예고 없이 닥칠 것이다. 나의 행위로 심판을 해결할 수도 없다. 심판에 대한 것은 오직 하나님이 하실 일이다. 우리의 삶에 시련과 고난이 찾아오는 것은 하나님이 일하신다는 증거이다. 시련을 통해 불에 타지 않는 믿음을 만들고 계신 것이다.

우리는 오직 하나님만 바라보며 하나님이 가라고 하시는 대로 순종하면서 말씀을 좇으면 된다. 종말에 대한 회의가 있는가? 믿음의 시련이다. 그러므로 이 또한 불로 연단해도 없어지지 않는 믿음으로 만들고 계시는 하나님의 '일하심'의 증거임을 알아야 한다.

국제제자훈련원은 건강한 교회를 꿈꾸는 목회의 동반자로서 제자 삼는 사역을 중심으로 성경적 목회 모델을 제시함으로 세계 교회를 섬기는 전문 사역 기관입니다.

두려움에 답하다

초판 1쇄 발행 2015년 1월 28일
초판 4쇄 발행 2025년 11월 15일

지은이 김상권

펴낸이 오정현
펴낸곳 국제제자훈련원
등록번호 제2013-000170호(2013년 9월 25일)
주소 서울시 서초구 효령로68길 98(서초동)
전화 02)3489-4300 **팩스** 02)3489-4329
이메일 dmipress@sarang.org

ISBN 978-89-5731-659-7 03230

※ 책값은 뒤표지에 있습니다. 잘못된 책은 구입하신 곳에서 교환해드립니다.